麟見亭奏稿

LIN JIANTING ZOUGAO

[清] 麟慶 撰

1

广西师范大学出版社
GUANGXI NORMAL UNIVERSITY PRESS
·桂林·

出版統籌：湯文輝
出 品 人：喬祥飛
策　　劃：陳顯英
責任編輯：張　濤
助理編輯：王　琦
責任技編：王增元
書籍設計：常晉一

圖書在版編目（CIP）數據

麟見亭奏稿 ：全 2 册 / （清）麟慶撰. --桂林 ：廣西師範大學出版社，2021.7

ISBN 978-7-5598-3917-6

Ⅰ. ①麟… Ⅱ. ①麟… Ⅲ. ①奏議－彙編－中國－清代 Ⅳ. ①K249.065

中國版本圖書館 CIP 數據核字（2021）第 115524 號

廣西師範大學出版社發行
（廣西桂林市五里店路 9 號　郵政編碼：541004
網址：http://www.bbtpress.com）
出版人：黄軒莊
全國新華書店經銷
三河弘翰印務有限公司印刷
（河北省三河市黄土莊鎮二百户村北　郵政編碼：065200）
開本：787 mm × 1 092 mm　1/16
印張：39.25　　字數：628 千
2021 年 7 月第 1 版　　2021 年 7 月第 1 次印刷
定價：1800.00 元（全 2 册）

出版説明

麟慶（一七九一—一八四六），字伯餘，一字振祥，號見亭，姓完顔氏，滿洲鑲黄旗人，室名雲蔭堂。嘉慶十四年（一八〇九）中進士；道光三年（一八二三）任徽州知府；道光四年（一八二四）調潁州知府；道光五年（一八二五）任河南開歸陳許道臺，勤於政事、勸桑農科之餘，力務水利；道光九年（一八二九）升河南按察使，由治水專員轉爲地方官員；道光十二年（一八三二）任貴州布政使，道光十三年（一八三三）升爲湖北巡撫；道光十四年（一八三四）升爲江南河道總督，管理黄河與運河的防治事務；道光十九年（一八三九）兼署兩江總督；道光二十年（一八四〇）五月，鴉片戰争爆發，面對英國艦隊炮擊和對沿海城市的進攻，麟慶明令禁種罌粟，查處鴉片交易，一心堅决抗戰。麟慶一生盡心盡職治河長達十五年之久，曾任五年開歸陳許道臺，十年江南河道總督，被世人譽爲『河帥』。

《麟見亭奏稿》收録麟慶於道光十二年至道光二十二年（一八四二）上書道光皇帝的秘奏百餘件，成書計兩册，每件秘奏均標明上奏事由、上奏人、硃批内容及時間等，集中展現了麟慶對水利工程的修浚以及經濟、軍事乃至外交等方面的工作記録。

本書翔實記録了麟慶任職期間官員升調考核、地方田賦關税、政府庫存銀兩，以及各地方民俗風情等工作内容。面對當時英、法、美等國爲代表的世界資本主義勢力，在全國各族人民反帝反封建的愛國鬥争中，麟慶積極參與反帝鬥争，以江南河道總督的身份協助加强長江北岸防務，並上奏『查拿興販鴉片煙摺』等，針對黄爵滋上奏禁煙摺，翔實地描述了鴉片的危害；針對洪澤湖等航運事務，麟慶力主『增派巡船而便商旅連接安徽、江蘇兩省，爲商船徑行要道』『議復人字河壩啓閉，建洪湖船塢』，上奏『請定減黄水誌摺』『請建洪湖船島摺』等，真實記録其每遇水澇大旱，都謹慎對待的治河經歷；此外還有『復奏派兵征剿臺匪摺』『謹將苗民節孝事實開列清單恭呈』『請買商銅鑄錢摺』等，部分奏稿後附夾片，反映了麟慶不同任職時期的政績作爲，資料價值極其珍貴。

爲方便讀者和研究者的查閱、檢索、記録和引用，本書整理時在首册編列了《麟見亭奏稿》總目録，爲讀者使用提供方便。

此外，與此書同時出版的還有《雲蔭堂奏稿》（全十册），《雲蔭堂奏稿》爲麟慶於道光六年（一八二六）至道光十六年（一八三六）、道光十九年至二十一年（一八四一）所奏之稿，共千餘件，爲學界展現了麟慶任職時各個方面的思想理論貢獻和偉大成就，對於學者及專家研究清代治水、清代史等問題極有助益，對研究鴉片戰爭時期國内外關係亦有一定的參考意義。

本書編者

二〇二一年一月

總目録

第一册

第二册

麟見亭河帥奏稿

奏稿

十二三年

請劉清入祀鄉賢摺

奏請將前任山東曹州鎮臣劉清入祀鄉賢並陳
明岐考緣由恭摺仰祈
聖鑒事竊照
國家設有入祀名宦鄉賢之例彰往勸來甚盛典
也乃奉行日久冒濫滋多而鄉賢為尤甚蓋名
宦非有遺愛在人士民尚莫肯阿好鄉賢則子
孫之陳乞與紳耆之請托類以小廉曲謹一鄉

之善士充数不知核其出處必有功於地方乃
為無忝祀典臣所以遇有詳請入祀者考核從
嚴務期名實相副茲據署藩司轉據貴筑縣學
詳請將已故山東曹州鎮總兵官劉清入祀鄉
賢由該管府縣覆核加結並申明劉清從前歧
考廣順州前來臣查劉清世居貴筑縣陳亮堡
地方科入廣順州學乾隆丁酉拔貢寔屬歧考
但查貴州地界綜錯同府鄰境州縣每多就近

報考確係相沿陋習核之出處大節尚無違碍
當與署藩司李文耕論及劉清剿辦曹州教匪
一事該司在東服官備知詳細深稱勇敢忠誠
有功民社且查貴筑縣學所造事實冊內恭載

劉清仰蒙
仁宗睿皇帝特賜
聖製詩云循吏清名遠邇傳蜀民何幸見青天誠心到
處能和衆本性由来不愛錢有守有為績昭著無偏

無欲志貞堅空羣羨爾超流俗明慎咸中治理宣臣
跪讀
天章褒榮華衮似不便以小節没其生平應請崇祀貴
筑縣鄉賢以為黔省士民矜式除照例具
題外謹將違例歧考據實聲明可否准其入祀之
處恭候
欽定再查劉清次孫劉瑩係
欽賜舉人現充官學教習籍隸貴筑毋庸議外其長

孫劉熾昌現任兵部員外郎籍隸修文當年亦
係歧考入學應令改正臣現已札飭地方官嗣
後童試務嚴查籍貫以肅功令謹會同協辦大
學士雲貴總督臣阮元貴州學政臣陳憲曾合
詞恭摺奏
聞伏乞
皇上聖鑒訓示施行謹
奏 十二年十月十二日拜

進　十三年正月十二日奉到
硃批另有旨欽此十二年十一月二十六日內閣奉
上諭麟　奏請將總兵入祀鄉賢並查明歧考緣由
一摺已故山東曹州鎮總兵官劉清著准其入祀
貴筑縣鄉賢祠至該總兵世居貴筑其長孫現任
兵部員外郎劉熾昌入學時籍隸修文著改歸貴
筑縣籍以昭畫一該部知道欽此

請免升科摺

奏為黔省田少民多請照滇粤之例
恩免零星墾荒升科恭摺奏祈
聖鑒事竊照貴州古之荒服跬步皆山猓苗錯處自
承平以来從俗為治涵濡
聖化二百餘年輸將踴躍地丁錢粮歷係年清年款
惟近来生齒日繁田少土瘠謀食維艱必應以
收地利厚民生為急務查現在各處山場凡成

片段之地久已墾熟起科其尚有可墾曠土類
皆山頭地角零星瑣碎勸墾雖有成規邊氓每
多畏阻臣悉心體察推原其故蓋因貴州有定
畝升科之例未墾之先即須報官初墾之時倍
費工本且山田夾砂帶石本非沃壤又乏水泉
灌溉縱無旱澇收成已不能豐稔而一經墾熟
報官查丈其應升科與不應升科雖例有明文
仍須在人區別倘得明幹有司逐一親勘尚可

公平若寄耳目於鄉保吏胥難免弊混此外尚有奸民私墾匿報因而里保有串詐包荒之弊衿棍有侵佔霸荒之弊互相爭控易滋事端所以樸實民苗甘於拋荒而憚於墾闢也查户部則例内載邊省零星地土聽民開墾永免升科地數貴州水田以不及一畝旱田以不及二畝為斷又載雲南之山頭地角水濱河尾廣東之畸零沙地高州雷州廉州三府之山場荒地俱

不論頃畝概免升科各等語因思廣東百貨流
通素稱富庶雲南雖處極邊山地沃衍兼產銅
鹽度日尚易惟貴州民苗火耨刀耕專賴山田
謀食而開墾升科之例轉較滇粵為嚴且查自
嘉慶二十一年起至今只平越等四州縣具報
新墾五案計田六十五畝有零應徵粮米六斗
二升八合五勺條編等銀共三兩五錢八分七
厘積十七年之久納賦科粮為數甚少實無補

於國課伏思
皇上子惠元元邊地窮黎尤殷軫念可否將貴州嗣
後山頭地角零星荒土悉聽民苗開墾照滇粵
之例不論頃畝概免升科出自格外
天恩臣愚昧之見稟商督臣阮元意見相同謹恭摺
具
奏是否有當伏乞
聖鑒訓示施行謹

奏道光十二年十月二十六日拜

進十三年正月十二日奉到

硃批户部議奏欽此尋部議該護撫所奏洵屬實在情形應准其將貴州山頭地角零星荒土悉聽民苗開墾照滇粤之例不論頃畝槩免升科以廣地利而厚民生並請

勅貴州巡撫妥為經理仍令俟開墾成熟後報明地方官給予執照立册存據庶免奸民侵佔之弊而杜異日爭競之端如蒙

俞允俟

命下之日臣部纂入則例永遠遵行奉

旨依議欽此

復奏派兵征勦臺匪摺 會前提督銜

奏為欽奉

諭旨選派弁兵勦辦臺匪恭摺覆

奏事十一月十七日承准軍機大臣字寄內開道

光十二年十一月初七日奉

上諭福建臺灣府嘉義縣地方匪徒滋事現派瑚松

額等前往勦辦著麟慶唐文淑於貴州兵丁內挑

選五百名揀派副将張必祿遊擊馬貴等管帶迅

速起程將此由五百里諭令知之欽此遵
旨寄信前來臣等查前次派征楚粵猺匪凱旋官兵
均屬得力今奉
諭旨遵即在得勝兵內酌定提標及鎮遠古州二鎮
標清江銅仁松桃三協營共挑五百名每兵百
名攜帶擡礮二位當飭該鎮將如數精選千把
外委各按所派兵數酌派臣等復揀定曾經出
師著績奮勇幹練之提標前營守備李萬忱鎮

遠鎮標中營守備劉長清古州鎮標左營守備
伍國祥銅仁協右軍守備楊榮等四員遵
旨交清江協副將張必禄松桃協右營遊擊馬貴管
帶迅速起程所有軍裝火藥鉛彈均令妥協佩
帶行裝銀兩飭司籌發已委員解往各營按名
散給沿途支應一切事宜現督司道照例妥辦
惟查自貴州至福建驛路應由湖南湖北江西
行走陸路紆折中隔江湖難免稽遲另查有由

貴州三脚坉下船經廣西廣東水路一道不特
順流直下迅速成功且可休養兵力節省經費
當即參查乾隆五十二年臺灣逆匪林爽文滋
事調派黔兵欽奉
諭旨貴州兵丁從廣西廣東行走遵辦有案此次自應
照行臣隨飭沿途地方官妥為預備不得張皇
擾累并委貴東道于克襄親往彈壓護送出境
一面飛咨閩浙兩廣總督廣西廣東福建巡撫

飭屬備辦以期軍行迅速惟臣未及請
旨即援照成案移咨隣境實因軍務緊急理合陳明
除將黔兵出境日期另行
奏報外所有遵
旨辦理緣由謹先繕摺由驛復
奏伏乞
皇上聖鑒謹
奏 十二年十一月二十日拜

進十二月二十一日奉到
硃批知道了欽此

請旌生苗賢孝摺

奏為

聖治光昭生苗向化查舉賢孝懇請

旌揚恭摺奏祈

聖鑒事竊查古州原名八萬硐與清江丹江均為化

外生苗所居之地性情獷悍言語味離伊古以

來未通聲教我

朝雍正年間征剿化誨始隸版圖從俗為治涵濡

聖澤百有餘年漸知禮義然歷年查舉孝子順孫貞
女節婦間有呈報者均係屯軍客户該苗民等
實未得一可膺
旌表之人茲據貴東道于克襄稟稱該處雖係新
闢苗疆近日民風丕變到任三載採訪懿行紳
耆幷日隨時呈報批廳覆查現得古州十一人
清江七人丹江二十人詳核事蹟歷歷可徵此
内孝子二名宣噶係昂垢寨蓄髮苗賈香係背

皎寨紫薑苗節婦三口匾招倸祧繞寨黑苗禾
落及其媳曰噶倸排卡寨紫薑苗尤属從来所
未有詳請於該廳地方各建貞孝總坊題名
旌表俾苗民相觀益善并聲明各廳俱未設學由
該管同知通判出具印結府道加結經署藩司
李文耕覆詳前来臣查該苗民以雕題鑿齒之
遺有抱義敦仁之行承歡菽水孝著二人勵志
氷霜貞傳三婦實媲虞廷七旬來格之盛益徵

聖朝萬年有道之長除另行照例恭疏具
題外查宣噶賈香匾招現俱生存禾落日噶係已
故苗婦謹開列節孝事實清單恭呈
御覽可否酌加優獎宣付史館以勵苗俗出自逾格
天恩理合會同協辦大學士雲貴總督臣阮元貴州
學政臣陳憲曾恭摺具
奏伏乞
皇上聖鑒訓示謹

奏　十二年十二月十六日拜

進　十三年三月初三日奉到

硃批禮部議奏单併發欽此尋准部議該護撫所開

事實均係孝義兼全惟

苗民辦理請　旌例無明文臣等查苗民涵濡

聖化漸知禮義自應予以獎勵可否援案准旌出自

天恩如蒙　俞允行令建坊題名銀兩照例給發奉

旨照例旌表欽此

謹將苗民節孝事實開列清单恭呈

御覽

計開

孝子宣噶係昂垢寨蓄髮苗人現年五十四歲秉性純良家極貧析薪負荷以供甘旨父殁傭值營葬因母年老朝夕不離伊母現存年八十有四奉養彌慇苗寨重之咸稱孝子

孝子賈香係背皎寨紫薑苗人現年五十四歲

幼知大義善養親志父母既歿絶食三朝衆
苗力勸乃食葬後廬墓三年
節婦區招條祧繞寨黑苗現年五十七歲幼奉
母儀年十五嫁苗民李徃勞為室六載而寡
年甫二十父母欲奪其志以刀剺顔自誓并
能教子成立守節三十二年
節婦禾落曰噶均條已故排卡寨紫薑苗人禾
落年十五歸苗民賀舊為室生子賀連越十

年夫故飲氷茹蘗撫子成立娶媳曰噶年亦
十五謹遵姑訓生子招棟甫越二載賀連又
故弱媳孤孫煢煢雙守又撫養招棟完婚道
光五年曰噶先故年五十八歲守節四十年
九年禾落亦故年七十八歲守節五十二年

查拏興販鴉片烟摺附拏辦興販人口匪犯片

奏為拏獲種販鴉片烟匪徒八十九名按例嚴懲並取具各屬現無栽種買食甘結恭摺奏祈

聖鑒事竊查鴉片烟流毒甚熾最為人心風俗之害

欽奉

諭旨查禁飭屬實力遵行臣在藩司任內接奉督臣阮元密札訪得普安縣屬青山地方有種烟匪徒當委候補縣徐鋐馳查撫臣嵩溥以上游山

深地僻小民惟利是圖恐不止普安一處隨於
起程時飭委護貴西道史斌親往巡緝並囑臣
認真核辦旋據委員會同地方官稟獲陳施青
等十八名解省審究將陳施青等十二犯擬軍
黄幗耀等四犯并審出縱庇之鄉保范子寬王
在覩一併擬徒所有種烟地土及買烟銀兩均
按例照追入官咨部在案臣思黔地毗連川楚
滇粤来往奸商巧為售帯事所必有除遵

旨通飭關津要隘嚴密盤查外今普安既有栽種罌
粟取汁熬膏之事惡習最易沾染大有碍於地
方營伍必當及早嚴懲俾知儆畏以絶其源當
囑署貴陽府朱德璲嚴切根究種自何来如何
製法掾稟訊得罌粟花本係籬落常有之物採
根剥子均可炒食向来秋間下種冬臘分秧春
季結苞夏月收囊其製烟之法則傳自外来商
販係用竹刀劃取汁漿晒晾成泥煎熬為膏名

曰芙蓉土成烟後入水沉底凝結不散入火化
灰仍可重鍊惟性畏桐油等語臣查現在正秧
苗出土之時不難踏勘隨囑署臬司周廷授嚴
密查辦旋據面稟訪得黔西州有武舉劣生種
販情事當委貴筑縣張鍈馳往會同地方官拏
獲武舉張百圖監生秦占沅等十一名并拔細
秧苗連犯帶省隨據貴陽府稟獲馬云等六名
鎮遠府稟獲辛喜兩等二名普安廳稟獲胡麻

狗等六名定番州稟獲李連科等二名威寧州
稟獲土目安士譜等四名貴筑縣稟獲李槐等
十二名修文縣稟獲職員袁廣勳等三名普定
縣稟獲吳尚任等五名清鎮縣稟獲生員鄒宗
魯等八名龍泉縣稟獲呂滯昌等二名興義縣
稟獲張阿有一名畢節縣稟獲賈老三等四名
普安營稟獲陶均詳等四名興義營稟獲張老
六一名當將武舉生監職員土目先行咨革并

飭該管官逐畝親勘將在地秧苗立督犁剗改種蔬穀現在起出烟泥均批令於結案時用桐油滴灌入火焚燬以杜掃灰重煎之弊計共獲八十九犯俱係該管文武自行會拏失察處分例得免叅現在逐案審擬分別軍徒陸續咨部一面出示曉諭通省民苗勿貪小利致累身家如有已種者速即犁拔概免深究倘不悛改来春花發一經查出從重治罪茲據各地方官出

具並無栽種甘結由司彙送臣實不能信其必
無惟飭屬認真查辦倘另查有州縣玩縱不辦
及鄉保兵弁得規包庇各情弊立即嚴叅示懲
庶幾源絶流清仰副
聖主諄諄訓誡之意再上年接准部咨欽奉
諭旨令地方官出具署内並無買食甘結年終彙奏
一次兹屆年終查臣署内現無買食之人理合
出結並據藩臬兩司道府廳州縣及鎮協標營

所屬文武員弁各出具甘結由臬司彙送前來
臣仍當隨時察訪有犯必懲除將現到甘結分
咨部科外尚有未到者容即催取補咨所有遵
旨懲辦緣由謹恭摺具
奏伏乞
皇上聖鑒訓示謹
奏 十二年十二月十六日拜
進 十三年三月初三日奉到

硃批所辦甚屬認真著依議行欽此

再臣欽奉
諭旨除莠安良遵即恭刊
聖諭懸之大堂與各屬交相勸勉當臣接護撫篆時
撫臣嵩溥論及地方應辦匪徒除種烟外尚有
拐販婦女之犯臣當與署藩臬兩司悉心訪察
緣貴州地瘠民貧一遇年歲稍歉即鬻婦女幾
若習以為常外來流棍希圖携帶回籍倍價出
售因而本地匪徒誘拐射利輾轉興販查其經

由路徑以五府交界之小鷄公為最除已照舊
章揀委典史鄭元吉前往駐緝外尚有麻哈州
之下司都勻縣之羊安河鎮遠府之浮橋口洋
溪渡思州府之龍井坳銅仁府之江口松桃廳
之正大營芭茅坪俱通楚粵水路臣已咨委幹
弁巡緝然思欲杜興販之源必先嚴誘拐之案
茲據署臬司周廷授查明本年已辦過鄒士發
等十八案咨部現又拏獲隴啟彥等十一案分

别審擬照例題咨所有嚴辦興販緣由謹附片

陳明伏乞

皇上聖鑒謹

奏　三月初三日奉到

硃批知道了欽此

請買商銅鑄錢摺

奏為貴州錢局鼓鑄需銅請暫買商銅接濟以供
支放恭摺奏祈
聖鑒事竊照貴州省貴陽大定二府分設錢局每年
額鑄三十六夘鑄出錢八萬九千七百七十三
串除支給物料工伙等項外餘錢七萬五千串
搭放通省兵餉俸廉役食之用向於本省陳家
溝廠辦銅二萬斤採買滇銅四十萬三千八百

九十餘斤每百斤例價九兩二錢外加運脚幫
費等銀按年運回供鑄遇閏增買銅斤加夘鼓
鑄從前滇省撥廠稍遲委員未能依期領運黔
局尚有存錢可以墊放茲查道光十二年所鑄
之錢係十一年分夘額已將次鑄竣核算現存
錢文僅敷本年冬季並十三年春季兵餉委員
袁敏升採買十二年分滇銅雖經撥廠運到需
時未便停爐以待且寫遠營分春間即請領夏

季兵餉均須隨時搭放自應預為籌備臣與署
藩司李文耕悉心酌議併督率貴陽大定二府
查得各該處尚有商銅出售每淨銅百斤貴陽
市價十三兩七錢大定市價十四兩較之滇省
稍昂若將採辦運脚同委員幫費等銀一併發
給津貼湊買貼補亦屬無幾應請就近購買商
銅暫辦一年鑄務以供支放所需銅價即請在
於司庫制錢易銀款内先行借動銀一萬九千

兩分給該府等承領趕緊買銅供鑄仍照委員
辦運准銷之数報銷俟表敏升運到滇銅改作
十三年分卯額以後依次接算造報似此一轉
移間錢局不致停爐誤卯於例價並無加增年
欵亦得相符臣為酌劑鑄務籌備兵餉起見是
否有當相應恭摺具
奏伏乞
皇上聖鑒訓示謹

奏 十二年十二月二十日拜
進 十三年三月初三日奉到
硃批另有旨欽此 正月二十九日内閣奉
上諭麟 奏錢局鼓鑄需銅請暫買商銅接濟一摺
貴州省貴陽大定二府分設錢局額鑄錢文除支
給物料工伙等項外餘錢搭放通省兵餉俸廉役
食茲據該署撫查明道光十二年所鑄之錢係十
一年分卯額已將次鑄竣核算現存錢文僅數十

二年冬季并十三年春季兵餉委員袁敏升採買十二年分滇銅運到需時未便停爐以待自應豫為籌備著照所請准其就近購買商銅暫辦一年鑄務以供支放所需銅價准於司庫制錢易銀款内先行借動銀一萬九千兩分給該府等承領赶緊買銅供鑄仍照委員辦運准銷之數報銷其袁敏升運到滇銅改作十三年分夘額以後依次接算造報該部知道欽此

會審荆州滿營馬案會總督前銜

奏為遵

旨會同將荆州滿營額馬短少實数並馬乾馬價等

項銀兩澈底查明據實覆

奏仰祈

聖鑒事竊臣麟 蒙

恩補授湖北巡撫自貴州起身迎摺北上三月二十

三日行至湖北境內承准軍機大臣字寄道光

十三年三月十二日奉

上諭本日據荊州副都統善英奏查閱營馬短少一千四百九十四匹詢之協領等僉稱此項馬匹每年總少一千匹其馬乾銀兩向充公用該副都統查知積弊具摺入奏應用印文署將軍那當阿不肯用印等語荊州駐防設立營馬本有定額豈容稍為缺短若如該副都統所奏以額馬有定之帑銀為營員無名之濫用如果屬實大干法紀必應

澈底查明據實叅奏着派納爾經額會同麟 傳
詢協領都隆阿等十員嚴切確查每年額馬短少
實數若干匹共馬乾銀兩藉詞充公究係於何項
動用始自何時該督等務當秉公詳查不得稍事
顢頇瞻狥致有不實不盡並查明那當阿不肯用
印是何意見一併據實叅奏訥 赴湖南閱
伍計將竣事麟 由黔來京請覲無論行抵何處
著即前赴荆州俟訥 到時會同查辦事竣

再行来京請訓可也清字摺二件著抄給閱看將
此各諭令知之欽此當即欽遵馳赴荆州郡城飭
委該府知府王若閎理事同知恒敬即赴滿營
將一切案卷册檔逐細檢齊用印封貯並查知
該營牧廠散在所屬之監利石首等縣距郡城
三四百里不等往返需時隨委理事同知恒敬
新選宜昌府通判方宗斌分赴各牧廠查點出
青馬匹臣訥　係於三月二十九日在苗

疆之永綏廳地方接奉前

旨遵即兼程行走將湖南全省營伍查閱完竣於四

月初十日馳抵荆州會同臣麟　查核該營節

年奏咨滿漢檔案及買馬放餉各冊傳集滿營

協領都隆阿等十員連日查詢緣荆州滿營駐

防兵丁四千名每兵拴馬三匹共馬一萬二千

匹乾隆七年前任將軍袞泰

奏准裁馬八千匹節省乾銀貼補兵丁生計實共

拴馬四千匹嘉慶五年前任將軍宗室弘豐以
兵丁生齒日繁物價昂貴馬乾不敷餧養及倒
斃買補皆為兵累
奏請裁馬二千匹節省馬乾除添補實馬二千匹
餧養外其餘乾銀及出青月分應省口分共可
省銀一萬六千九百餘兩為培養額外餘兵及
增設官學經費之用經兵部以維時川楚教匪
尚未捜捕盡淨恐需調撥未便裁減奏奉

諭
旨俟大功告竣後再行酌量情形奏請裁減等因欽
此欽遵各在案至嘉慶六年十一月間前任協
領巴克坦布等復以兵丁生計日艱議請將倒
馬皮臟銀兩扣存旗庫俟湊足一萬二千兩作
為一千匹馬價預備調撥時就近買補呈明前
任將軍宗室弘豐批示准行其章程內雖未將
如何減馬省乾之處明白聲叙而該營之馬實
自嘉慶七年為始即少拴一千匹其馬乾銀兩

發給兵丁添補餧養實馬及一切公用迨嘉慶
十九年前任将軍宗室恒頡因馬價增昂誠恐
遇有調派急需存項不敷購買復於兵丁倒馬
皮臟項下扣銀四千兩連前共銀一萬六千兩
現在實存旗庫歷任将軍副都統到任時各協
領均照案稟明該将軍等點驗實養馬匹盤查
存庫馬價兩相符合節省馬乾亦無弊竇遂致
三十餘年相沿辦理俱未具奏上年十二月間

副都統善英到任於本年二月二十日點驗營
馬短少一千四百九十四匹各協領雖已照前
稟明該副都統因無奏案隨具摺
奏參欽奉
諭旨派臣等查辦詢悉前情誠恐各協領等將節省
馬乾銀兩藉名存公濫用滋弊且以甲兵四千
名拴馬三千匹究竟如何派拴嚴切詰詢又據
都隆阿等供稱該營馬匹係按佐領朋拴公餧

滿蒙佐領共計五十六員嘉慶七年起每佐領
名下公拴馬五十三四疋共合三千之数至營
中公用如修理軍械公所以及公幫差費應試
等項款目甚多即養馬草料銀兩亦在其內所
有節省一千疋馬乾銀一萬八十兩同各兵應
支一切餉乾歸併核算發交各佐領除均攤公
用並扣本身借項外餘歸兵丁領回度日有收
發印簿可查因每月銀数多寡不齊並於放餉

時將上月應扣公項逐款開单粘貼印房遍行
曉示該經手錢粮各員從無扣存分厘之事各
甲兵俱可傳質等語臣等當即擇傳領催甲兵
百餘人隔別訊問僉稱經管各官並無濫扣情
弊衆口一詞情愿具結臣等隨親詣旗庫提出
存貯馬價銀兩拆封弾兑数目相符至存城之
馬臣訥　於十三日閲伍時逐一點驗實
存五百六十匹存厰之馬先經臣麟　委員分

場查驗統計八場實存馬一千九百八十匹均已逐加印烙並無隱混出具印結呈送前來連存城馬併計共二千五百四十匹照額計算短馬一千四百六十匹較之善英原奏數目計多馬三十四匹詢之協領等據稱係未屆限倒斃之馬經兵丁就近買補賠交於善英具奏以後始行入廠等語此項馬匹除少拴一千匹不計外實缺四百六十匹照存七倒三之例按月扣

算尚無浮多應照向例於五月內差官赴口外
購買至那當阿不肯用印一節臣等傳
旨查詢據署理將軍印務左翼副都統那當阿移送
親供內稱本年二月二十日右翼副都統善英
點馬缺額二十二日差協領都隆阿將摺稿送
閱云欲恭奏查閱摺稿只有前半即令都隆阿
送回二十三日善英差印房章京尚德等來署
將隨摺咨文用印那當阿因祇見不全摺稿不

知後尾何語未肯用印別無意見質之善英亦
具親供覆稱付閱摺稿未寫妥全等語臣等覆
查嘉慶五年前任將軍宗室弘豐奏請裁馬二
千匹以節省乾銀貼補實馬餧養添設餘兵官
學之用既經部議奉
旨暫緩自應俟大功告竣之後遵
旨酌量情形奏明辦理乃因兵丁生計日蹙遂准扣價
存庫少拴馬匹而以後將軍副都統俱照此辦

理三十餘年並未具奏雖為體卹兵艱起見而
應奏不奏究屬違例該協領等相率因循亦未
具詳請奏雖查無尅扣侵冒等弊究有不合相
應請
旨將自嘉慶六年十一月起至善英具奏之日止歷
任將軍副都統協領交部查取職名同現署將
軍左翼副都統那當阿現任協領都隆阿僾星
甘露玉順星額特依庤柱順格同升斐星額穆

騰額等十員均照應奏不奏應申不申例分別
議處至善英叅奏營馬缺額如果單銜具奏不
送摺稿與那當阿閱看那當阿自應用印乃僅
給未全摺稿那當阿不肯用印據稱別無意見
尚屬可信善英既送摺稿又故留後尾本與體
制未協惟叅奏短馬得實應請均免置議至該
營官馬少拴一千匹已歷三十餘年差操並無
不敷應否查照嘉慶五年將軍宗室弘豐原議

再減一千匹以資添兵辦公等用查新任將軍
蘇勒芳阿不日到任應請
勅令該將軍會同左右翼副都統體察情形妥議奏
辦以昭核實所有臣等會同查詢緣由理合恭
摺覆
奏伏乞
皇上聖鑒訓示再臣麟　於拜摺後即遵
旨馳驛前赴河督新任合併陳明謹

奏十三年四月十八日拜
進　五月二十一日奉到
硃批另有旨欽此　五月初九日内閣奉
上諭前因荆州副都統善英奏查閲營馬短少馬乾
銀兩向充公用等情當經降旨交訥　會同
麟澈底查明據實叅奏兹據奏稱查核該營節
年奏咨滿漢檔案及買馬放餉各册傳集該營協
領都隆阿等十員確切查詢此項馬匹經前任將

軍宗室弘豐於嘉慶五年奏裁二千匹以節省乾銀貼補實馬餵養及添設餘兵官學經費之用以後各任將軍副都統亦俱照此辦理雖係體卹兵丁尚無尅扣侵冒情弊惟動用帑項充公調劑總應奏明辦理乃事經三十餘年歷任將軍等並未具奏均屬不應着將嘉慶六年十一月起至善英具奏之日止歷任將軍副都統協領交部查取職名與現署將軍左翼副都統那當阿現任協領都

隆阿雙興甘露玉順星額特依序柱順格同升斐
星額穆騰額等均照例分别議處至前任將軍宗
室弘豐原議再減馬一千匹以資添兵辦公等用
著新任將軍蘇勒芳阿會同左右翼副都統體察
情形妥議具奏核實辦理該部知道欽此

附請假省親夾片

再奴才歷任安徽河南二省均迎養奴才母親惲氏在署上年二月蒙

恩簡放貴州藩司奴才母親因年老路遠不能就養以貴州係邊地苗疆諄諭奴才勉圖報效立督起程隨留家屬侍養暫寓汴梁茲奴才蒙

恩簡授河督馳驛赴任適接家信知奴才母病未愈倚閭情切奴才查此間驛路應由湖北安徽計程二

千五百餘里中隔江河每易阻水若由河南行
走路程相等謹擬俟查辦事竣即遵
旨馳驛兼程至河南省城仰懇
聖恩賞假五日俾遂烏私奴才再兼程至江蘇徐州府
上隄順閱桃源一帶河勢工程總於大汛前接
印任事理合據實附片陳明伏乞
聖鑒謹
奏　五月二十一日奉

硃批不幸不能遂汝所願即來京成服百日後請安
面見可也欽此

[illegible]

覆奏查辦葦右營情形摺

奏為遵

旨查明葦蕩右營產柴短絀寔在情形並籌議築圩

蓄水以期足額恭摺仰祈

聖鑒事竊臣前在邳北廳途次准軍機大臣字寄九

月初二日欽奉

上諭張井奏葦蕩兩營十一年所採柴束比較定額

互有增減等語葦蕩左右兩營每年估採柴束本

有定額據稱十一年分左營蕩地潤澤所採增多
右營地高灘老歷被旱傷竟至短絀蘆葦為工程
必需之物麟 到任後務須核寔照額收足不准
受人欺蔽総當隨事隨時留心察訪破除情面杜
絶弊端欽此臣恭閱之下遵即留心查訪到任後
正值圍估之期隨飭委該管淮海道文麟親赴
兩營儘蕩搜估務期收足定額嗣據該道勘明
稟稱葦營蕩地切近海口潮汐往来易受鹹鹵

全賴甜水滋培青葦方能暢茂設遇亢旱虫霜所產即行衰減其左營坐落海州境內上承山東蒙沂諸水又得中河鹽閘宣洩滙注常年水有來源抵禦鹹潮是以產柴茂旺每逾定額至右營坐落阜寧縣地方逼近黃河南岸從前黃水漾入籍資淤潤蓄養蘆根自歷次接築長隄以後將該營三汛蕩地隔於隄外既乏甜水滋培專受鹹潮浸漬昔年產柴之地半變蒿草荒

灘樵採寔難足額即如本年應採柴束現在周
歷蕩次逐隊搜估核之定額左營尚有數餘右
營仍屬不足實緣地勢肥瘠屢變今昔情形不
同以致右營短絀等語臣查閱成案兩營原定
正餘柴額右多於左而近年增採柴束左優於
右核之該道所禀與訪聞輿論大畧相同然未
履其地不敢輕信遽行具
奏茲臣察閱下游先由南岸行走復渡河自北岸

折回在新築堤上遥望葦蕩復詳細查詢左營
蕩地濱臨潮河車軸河鹵河地脉淤潤無虞缺
水右營蕩地則為新堤間隔黄水不能漾入又
無山水流注且查蘆葦萌於春而長於夏全資
時雨無如該營地勢西高東窪遇有雨水隨即
散漫歸海不能存蓄養青近年来産柴漸稀之
故實緣於此當與淮海道文麟悉心商酌右營
蕩地既見荒廢額柴不足年復一年伊於胡底

亟須設法蓄水縱不能化瘠為腴亦可期漸有起色旋據該道議復查右營南西二汛自舊堰外起至北腰港止北汛自二淤起至五淤隄尾止地勢較低雨水由之下洩潮水即由之上漾擬就該處培築圩堰長一萬二百十丈又議估填港漕八道外禦鹹潮内蓄甜水庶免斥鹵之傷且得滋潤之益共估需方價銀一萬五千餘兩擬分年籌款辦理毋庸另行請撥臣復體察

採訪似係補救一法如果築圩之後產柴日茂
再加以嚴密稽查自可漸符定額則所費不為
虛擲擬即照估舉行所有查明葦蕩右營寔在
情形並籌辦緣由謹恭摺具
奏是否有當伏乞
皇上訓示謹
奏 十三年十二月十三日拜
進 十四年正月初六日奉到

硃批另有旨欽此

敬陳南河大局摺

奏為敬陳南河大局情形次第擇要籌辦以期有
俻無患仰祈
聖鑒事竊臣仰荷
聖恩簡任南河并蒙
温諭勗以勉效靳輔自維檮昧難企前賢伏見前河
臣靳輔謀
國以忠節省不尚空言而獨持大計更任人以信

舉効尤由明試故能用衆長臣雖至愚既蒙
聖主策勵有加敢不竭誠自効茲抵任兩月有餘已
到各工留心查勘未到之處隨事咨詢竊以為
近年來河湖交敝事緒繁多當急之務在復舊
制顧欲復舊制總不外古人蓄清刷黄一法而
蓄清之得宜與不得宜刷黄之得力與不得力
其關鍵全在運口查本年空運仍用灌塘臣督
辦五次見啓閉制度經歷任督河諸臣講求備

細寔足為權宜濟運之法較諸借黄盤壩有利
無害但河底淤高非清莫刷而清黄不滙難復
舊規臣再四思維參訪輿論現無治黄良策而
有一順清之機似應先為預備緣湖水連年北
行祇以運河為熟路倘一旦黄水落低閘展束
清禦黄二壩暢放湖水運口若無所箝制恐入
黄仍不抵入運之多則運河既苦其難容黄水
因之而内漾又將為患伏思古人引導清水三

分濟運七分刷黄之機宜全在磨盤埽俗名轉
水墩前河臣靳輔張鵬翮等皆先致力於此自
嫁彙後河務漸壊嘉慶年間前督臣百齡曾師
其意建築蓋壩旋又塌短不能得力今擬詳勘
形勢酌量接長隐復磨盤埽舊制以備引清刷
黄之用即或如現在情形亦可收挑逼之功稍
寛迤下閘壩溜勢蓋運口以内向設頭二三四
等壩層層收束其壩下頭二三閘勢若建瓴溜

行湍激粮艘上下牽挽俱難向来各設正越兩
閘以備輪替現在惠濟越閘福興正閘俱有冲
跌情形業經
欽差尚書朱士彥等勘准分年辦理查該閘為漕運
經行要路必須有備所以臣前次具摺請
帑趕辦也至洪澤湖水既甚寬高家堰工尤絕險
查舊制蓄至九尺即可刷黃今因河底淤高雖
蓄至二丈以外尚難暢出西風一起岌岌堪危

設非近年仰蒙
聖恩邦寬大隄其患有不可勝言者查現在臨湖各
壩高僅丈餘在蓄水之時不得不多封柴土迨
蓄至盛漲啓放宣洩高下懸殊壩底動輙損壞
又須另建且過水驟而復大下游各河有消納
無及之虞至於築越加戧堵合甚難一經啓除
全歸無用年年糜費更屬不貲臣前至該工悉
心相度參訪群言似應仿照滾壩成法不封柴

土抬高石底至蓄水尺寸為度再於壩下接長
石舌以托水勢水小足資收蓄水大聽其平漫
不獨壩底常保可省煩費而循序下注亦不為
災但改建滚壩需費過多未敢輕議容再詳查
分别勘辦若乃啓壩放水原因盛漲保衛湖堤
向来先儘歸江各路倘再積長揚河境内設有
水誌一符
奏定丈尺即應将車邏等四壩次第啓放歸海乃

近年来地方官每届水誌應放之時具禀請緩其心原屬為民殊不知揚河一綫東堤難資捍禦設遇漫溢所損尤多屬民更甚查前河臣靳輔等於山盱設立仁義禮智信五壩分消湖水下游揚河揚糧境内亦建車南中新及昭關等五壩以洩所分来源遥遥相應不容偏廢臣擬来年夏秋間河水長符定制即遵守舊規次第启放俟水勢一定亦即堵合免粮船繞湖之險

壩河亦然庶可收蓄清刷黃之效至於黃河情
形臣雖未經歷大汛而驗之成案參以新圖覺
河雖曲而流行有槽埽雖多而提移不遠較之
豫省土性沙鬆急溜猝注者情形稍輕惟是堤
身單薄殘缺逈不如豫省之高寬伏思治黃之
要在除底淤欲除底淤舍束水攻沙別無良策
而制水者土其力全在長隄特江南兩岸堤長
一千七百五十餘里計長三十萬六千七百餘

大勢難處處幫培致多耗費擬於查工時體察
平險節可緩之埽段辦緊要之土工以期漸收
刷深實效再查黃河漫灘最為暗險臣前在河
南開歸道任內曾奉河臣札飭用靳輔堵截支
河之法於霜降後沿堤查看順水溝槽酌築土
格編柳搪護俾次年大汛灘水不致通溜逐漸
澄淤歷見成效今已飭屬照辦此亦古人河不
兩行束水攻沙之意惜不能收效於一時論者

又以為欲除河身之底淤必先通海口之紆曲
或議棄十套八灘聽其潰復或議就安東盐河
酌改海口或議疏攔門沙灘開通去路臣昨親
至下游留心查看見黄水滔滔東注並無阻滞
接築新堤似得束水之力遥望海口潮汐往来
茫無邊際委員掘驗近海灘土半係膠淤且多
蘆根蟠結斷難疏闢查驗近来海潮盛長水痕
以十年七月二十二日為最大新堤尾竟入水

至五尺五寸雖暫時頂托黄水旋即消退歷考

成書從古無疏治海口之法詢之鄉者亦無可

改海口之地以上諸説衹可存而不論至若築

對頭壩設爬沙船牛犁導淤鎖船逼溜等法以

及混江龍鐵篦子杏葉爬揚泥車等器具均經

歷任督河諸臣仿照成式設法試行迄無功效

則縁大河純以氣勝時長時消溜激沙行趨向

不定即能將淤處挖净不能禁水過復淤即能

將淺處挑深不能禁他處又淺蓋黃河底淤寔
非人力所能強刷考諸成案前河臣靳輔於康
熙二十七年
奏設浚船以後並未詳陳寔效嗣是惟乾隆八年
河臣白鍾山曾論係以水治水之法其餘河臣
奏議均未述及且查雲梯關外大通口即康熙
年間海口今新設海阜海安兩廳所屬河道幾
長二百里全係新淤浚船如果得力何以有此

想當時亦祇試行所以不久即撥歸運料再查
前明潘季馴論方舟等法有云湍溜之中舟難
維繫而如飴之流遇坎即盈此法但能施於閘
河非所論於黄河等語寔屬至當不易之論則
是疏浚器具只可備運河挑淺挖淤之用黄河
則惟有慎固修守况工曰搶修顧名思義以速
為主惟當督飭廳營儲備料土遇險即搶以防
為治而其要全在用人之得宜第專言椿埽其

迹似粗而細核機宜其理甚奥况情形時有不
同習氣相沿已久既不容操之過急又慮其稍
縱即弛臣自問庸愚毫無報稱祇以受
恩深重不敢辭難惟當遇事率由舊章治弊去其太
甚以勤補拙以信任人勸勉屬員隨時核寔以
冀清黄早復舊規庶可仰副
聖主策勵之意謹將南河大局情形先行陳
奏是否有當伏乞

皇上訓示謹

奏十三年十二月十三日拜

進十四年正月初六日奉到

硃批觀汝所論頗為正當日久果能得效不止汝為

一代名臣能承朕恩而朕亦獲知人之明勤實慎

勉而外朕無可諭矣另有旨欽此　先是正月初

一日准

軍機大臣字寄十三年十二月二十五日奉

上諭麟　奏南河大局情形次第擇要籌辦一摺據
稱近年来河湖交敝欲復舊制不外古人蓄清刷
黃一法其關鍵全在運口本年空運仍用灌塘自
屬權宜濟運但河底淤高非清莫刷湖水連年北
行祗以運河為熟路一旦黃水落低闢展束清禦
黃二壩暢放湖水運口若無所箝制古人引導清
水濟運刷黃全在致力磨盤埽自廢棄後河務漸
壞嘉慶年間建築盖壩旋又塌短不能得力今擬

酌量情形隱復磨盤埽舊制以備引清刷黄之用至湖堰水寛工險臨湖各壩蓄水之時多封柴土至盛漲動輙損壞另建糜費不貲應仿照滚壩成法分别勘辦又山盱五壩分消湖水下游車邏等五壩分洩来源湖水長符定制即次第啟放水勢一定亦即堵合至於黄河情形查工時體察平險節可緩之埽叚辦緊要之土工以收刷深實效漫灘暗險用堵截支河之法飭屬照辦至黄河底淤

非人力所能强刷疏濬器具祇可備運河挑空之
用黄河惟儲備料土遇險即搶以防為治等語所
論頗為正當該署河督務當體察河湖大局情形
相度機宜隨時妥辦至河身淤墊日高如果清高
於黄即當啟放禦黄壩挾溜攻沙以資刷滌嗣後
務須酌量情形於盛漲以前或將禦黄壩早放數
月即多收數月之功至秋冬以後水勢歸槽更宜
相機啟放俾河身日益深通近年倒塘灌運究非

正辦斷不可年復一年因循遷就致失事機又另摺奏查明葦蕩右營產柴短絀情形并籌議築圩蓄水以期足額蘆葦為工程必需之物右營蕩地荒廢額柴不足亟須設法蓄水俾免斥鹵之傷且得滋潤之益據該署河督籌辦擬就右營地勢較低之處培築圩堰並估填港漕八道所有估需方價銀一萬五千餘兩著即分年籌款辦理毋庸另行請撥該署河督身膺重寄莅任伊始即能隨事

隨時悉心查訪擇要籌辦日久果能得效不止汝
為一代名臣能承朕恩而朕亦獲知人之明勤寔
慎勉而外朕無可諭矣勉之識之勿負委任將此
諭令知之欽此

美君堂

奏稿

十四五年

謝 賞福字摺

奏為恭謝

天恩事竊奴才齋摺差弁回清江浦捧到

頒賞

御書福字及鹿肉麅肉湯鹿肉奴才當即跪迎至署恭

設香案望

闕叩頭祗領伏念奴才渥荷

鴻慈畀權河督心虞餐素忱切抒丹茲屆甲籙元調

仰荷

午陽

恩沛煥璇題以

羲畫

福自天來頒玉餼於

堯厨甘分

内賜不特全家戴

德直教合屬生春㒃自顧庸愚難酬

高厚爰摹勒而懸諸公署願江淮河海普慶恬瀾亦

歛錫而頒之羣僚率道將廳營咸思敬事所有

感激榮幸下忱謹繕摺叩謝

天恩伏乞

皇上聖鑒謹

奏　十四年正月初十日拜

進　正月二十九日奉到

硃批知道了欽此

特參監追摺

奏為特參繳項逾限延未全完之革員請
旨監追以肅功令事竊准前河臣張井移交附奏革
職通判張慰祖借領河庫銀兩取具限狀一片
欽奉
硃批姑從所請著麟 嚴行催繳屆期不完即行嚴
參硃批給麟 看欽此臣 查張慰祖因賠修洪澤
湖林家西壩工借用河庫銀二萬二千兩除繳

過三千兩外尚欠銀一萬九千兩經該管淮揚
道取具限狀定於九十兩月全完當即恭録
硃諭嚴飭該道實力督催旋據呈繳銀二千五百兩
並據稟有設措銀兩船運在途臣期庫項有着
暫緩叅辦隨又據陸續呈繳銀七千兩連前共
完銀一萬二千五百兩尚有九千五百兩未經
清繳茲據呈請以田產入官變抵臣查所呈田
產未必盡屬膏腴一經交官估變輒轉行查徒

延時日庫項仍歸無着是以批飭不准責令自
行赶緊變價交庫以清
帑項但限期久逾未便再任延宕相應請
旨將革職前署山盱廳通判張慰祖就近發交淮安
府監禁勒限催追統俟全數完繳再行釋放倘
敢遲延從重治罪謹會同兩江總督臣陶澍恭
摺具
奏伏乞

皇上聖鑒謹

奏十四年二月十二日拜

進　三月初三日奉到

硃批是另有旨欽此　二月二十二日内閣奉

上諭麟　奏請將繳項逾限未完之革員監禁勒追

一摺所奏是南河已革通判張慰祖因賠修林家

西壩工借用河庫銀二萬二千兩自應按限完繳

現據該署河督查明除陸續呈繳外尚有未完銀

九千五百兩限期久逾豈容再任延宕張慰祖著
就近發交淮安府監禁勒限催追統俟全數完繳
再行釋放倘敢遲延著即從重治罪欽此

請定減黃水誌摺

奏為請定減洩黃河盛漲水誌並修濬十八里屯等閘下河堰以資備防仰祈

聖鑒事竊照南河徐州地方設有減水閘壩原以分洩異漲除毛城鋪峯山四閘久已淤廢龍虎峯泰兩滚壩洩水不靈外現惟北岸之蘇家山南岸之天然閘十八里屯等三處尚皆可用向以徐州府城北門工誌樁存水丈尺為啓放準則

前河臣黎世序專主減黃助清之說嘉慶二十
四年
奏定以一丈八尺為度計在任十三年啓放十次
迨道光六年前河臣張井等又專主束水攻沙
之議
奏明嚴守閘壩因攺定為二丈七尺計在任八年
亦放一次臣到任後採訪輿論是非叅半推原
其故蓋沿河員弁圖便修防瘠土農民希得於

潤則以啓放為是而沿湖廳營恐難防守沃土紳戶慮有沙淤又以堅守為然各狥其私終非定論兹臣由下游溯查而上見睢邳二廳上游兩岸山勢延綿河流至此一束北抵徐州察看銅沛廳屬北岸西自大谷山起東至龎家山岡阜聯絡地勢高亢南岸地勢較低而徐州城堞矮於大堤五尺北門石工迎溜頂衝即非盛漲已甚危險因思前河臣靳輔等所以在迤上因

山為閘者其意實為保衛城郭人民尚非止宣洩漲水也即以旁洩而論議者或謂與東水之意相反不知河溜歸槽始能逼刷中泓若大汛漲水上灘汪洋散漫中泓轉致停淤故閘壩之設止以減漫灘有餘之水則大溜歸槽逼刷愈為有力靳輔成書可據於攻沙之理寔足相成特恐奉行不善或未適誌而先啟或既減漲而多洩流弊無窮臣竊以為減洩去路祇可備而

不用不可一日不備要在得守且守應放必放
所有啟放准則應照原奏加增七尺較前議酌
減二尺請
旨定為二丈五尺嗣後責成徐州道府就近察看水
勢總須長逾定誌始准啟放一經水落即行堵
閉庶合機宜而昭信守現在除天然閘下河道
毋庸估挑外所有十八里屯頭閘起至虎山腰
止河底淤墊應酌量挑濬展寬其東西東水堤

及天然閘下東埝亦均應擇要帮培并照舊酌
包碎石以衛民田而利水道已飭該管道撙節
估計核寔辦理再看得北岸蘇家山閘下游即
係運道且逼近微山湖減洩恐有妨碍自以嚴
守為主渠埝閘壩應暫緩修合併陳明伏乞
皇上聖鑒訓示謹
奏 十四年三月二十三日拜
進 四月十四日奉到

硃批另有旨欽此　四月初四日内閣奉
上諭麟　奏請定減洩黄河盛漲水誌並修濬十八
里屯等閘下河堰一摺據稱南河徐州地方設有
減水閘壩分洩異漲現惟北岸之蘇家山南岸之
天然閘十八里屯等三處尚皆可用向以徐州府
城北門工誌椿存水丈尺為啟放準則嘉慶二十
四年經黎世序奏明定以一丈八尺為度道光六
年復經張井等奏明改定為二丈七尺茲據該署

河督察看情形所有啟放準則請照黎世序原奏加增七尺較張井等前議酌減二尺著照所請定為二丈五尺嗣後責成徐州道府就近察看水勢總須長逾定誌始准啟放一經水落即行堵閉俾合機宜而昭信守現在除天然閘下河道毋庸估挑外所有十八里屯頭閘起至虎山腰止河底淤墊著酌量挑濬展寬其東西東水堤及天然閘下東堰均著擇要幫培並照舊酌拋碎石以衛民田

而利水道該署河督務督飭該管道撙節估計核
寔辦理欽此

請建洪湖船隖摺

奏為請在洪澤湖建築船塢以衛巡船而便商旅

恭摺仰祈

聖鑒事竊照洪澤湖界連江蘇安徽兩省為商船經行要道水面寬濶茫無港汊一遇風飆怒濤山湧除湖口之武家墩湖南之攔湖壩兩處尚可泊船外其高埝高澗徐壩三汛地界延長百餘里石工林立險過嶕磯是以每逢暴期雖有救

生椿杙來往商船仍多失事臣經歷湖濱體訪
輿論非在湖心建築船隖難收救生實效況新
設水師營駐劄老子山分駕唬船常年在湖梭
織巡緝嚴防梟匪風信靡常若不預籌屯避之
所一經遭風沉失即當另行排造不特縻費錢
粮抑且躭延巡緝上冬督臣陶澍親詣該山勘
定營制以船隖為應備囑臣籌辦茲查得老子
山東面有沙路一條湖水消落時現露基址環

接山根高阜處所西面可就南北兩山對峙之
處收束作為門戶當經委員前往丈量地勢測
探水深擬于西面北首抛砌碎石壩一道以作
隖門東面在沙路上加築碎石高出湖面以禦
水二丈為度其中作駐船之所約工價需五千
餘兩臣查此隖築成寔足保衛廵船即商民船
隻亦可藉避風濤之險現已劄飭道廳核實估
辦所需銀兩毋庸另請查河庫本有救生椿一

欵係雍正年間議定每年由江蘇安徽兩藩司
在耗羨項下各動支銀五百兩解交河庫為洪
澤湖簽釘救生樁木之用如有餘存歸充公項
下報查歷年解收咨部在案應即請
旨動用此欵勒限興築工竣驗收交洪湖營照管以
期經久所有籌辦洪澤湖船隖緣由謹會同兩
江總督臣陶澍繪圖貼說恭呈
御覽伏乞

皇上聖鑒謹
奏 十四年五月初十日拜
進 五月三十日奉到
硃批另有旨欽此 二十日内閣奉
上諭麟 奏請建築船隖一摺據稱洪澤湖界連江
蘇安徽兩省為商船經行要道水面寬濶泛無港
汊偶遇風濤每多失事又新設水師營駐扎老子
山分帶唬船在湖梭織巡緝風信靡常必應預籌

屯避之所現經委員查勘老子山東面有沙路一條環接山根高阜處所西面可就南北兩山對峙之處收束作為門户請於西面北首拋砌碎石壩一道以作隖門東面在沙路上加築碎石高出湖面以禦水二丈為度其中作駐船之所約需工價銀五千餘兩奏請動款興辦著照所請准其於河庫救生椿項下動款興築工竣核實驗收即交洪湖營員弁認真照管毋得日久生懈以期經久該

部知道欽此

塘河失火叅賠摺會總漕前銜

奏為漕船不戒於火據實查辦分别叅賠恭摺奏

聞仰祈

聖鑒事竊首進各幫船陸續挽過惠濟等閘灌入塘

河臣朱為弼與臣麟定期三月二十六日開

放查入春以來清江浦至淮安府城一帶日燥

風乾時有火患臣等預飭各幇弁等約束丁舵

水手小心風火並各派將領備弁分段在岸巡

邏毋許踈懈詎於二十四日戌刻臣麟 在清
江浦聞報塘內西岸失火隨即飛馳赶到查看
文武各官率領水龍兵役均已到齊會同衛弁
漕委分投撲救無如東北風過大篷桅篙纜均
易引火水面夜黑人力難施當經淮揚道李國
瑞河營叅將張兆漕標遊擊王永祥衛守備楊
壽春等督同縣幫官弁赶將塘內船隻三面分
檔排開以斷火路兵役等各駕小船冲燄冐烟

竭力撲熄臣朱為弼是日在淮安府盤粮中夜
聞報即行星馳火所察看餘火漸息共焚燬船
三十九隻其餘粮船九百八十三隻銅鉛船三
十四隻均仰賴
皇上洪福幸得搶護平穏隨即傳詢各帮弁將被灾
帮次丁名米数及燒斃人口詳細查報計燒燬
廬州頭帮旗丁章佩湘等船十三隻常白帮旗
丁王秉魁等船十一隻淮安二帮旗丁顧源湧

等船十隻鳳中常帮旗丁王作藩等船三隻鳳
常帮旗丁侯蔡唐船一隻長淮三帮旗丁劉長
青船一隻共焚燬稉稜平米二萬二百四十六
石零白粮粳糯平米五千六百九石零隨粮蓆
竹等全燬燒斃男女大小二十一名口臣等嚴
究起火緣由據各帮弁僉稱實係長淮三帮二
十三號已革旗丁劉長青船上起火該船運務
係伍丁許冠賢代辦本船無丁因舵工解泳志

在後艄炊飯適遇風暴刮倒大桅打壞烟沖火即隨風滚上天篷燒斷頭纜淌至西岸風勢過大撲救不及以致延燒各船並斃多命舵工解泳志當被燒斃等情質之看艙人何鍾文等供亦相同臣朱為弼伏查乾隆六年前倉場侍郎塞爾赫又三十一年前漕運總督楊錫紱嘉慶十二年前漕運總督薩彬圖均有摺報粮船失火之案俱經照例

奏請賠補此次失火起自長淮三幫以致延燒別
船該船燒燬米石應責令代辦伍丁許冠賢賠
補其餘各船雖因風急延燒惟例應賠補仍應
一體着賠但米石為数較多若遽令立時賠補
不特現在無從購買該丁等猝遭火燬身家蕩
盡力實難支所有應賠米石合無仰懇
皇上天恩准其自明年冬季起各按原船米数分年
買補搭運以紓丁力其被燒各船閑繫来年新

運應如何賠造或雇募接運應由該管糧道查
案速辦查起火既經訊明由長淮三幫延燒多
船該幫領運千總鄭芳蘭厥咎最重應請
旨即行革職所有運務另行委員接辦並將該革弁
發交淮揚道李國瑞提同該船伍丁等訊明有
無懷挾私嫌虧短掩飾情弊從嚴核辦此外五
帮領運千總因別舟火起倉猝延燒究屬疎於
防護所有廬州頭帮千總沈世城常白帮千總

李清楨淮安二帮千總胡定海鳳中常帮千總
萬元衛鳳常帮千總蕭漢卿並地方官清河縣
知縣王國佐舊城汛把總石有山以上各員雖
均經盡力撲救究已延燒仍應請
旨交部分别照例議處臣朱為弼臣麟未能先事
預防實深愧懼惟有仰懇
天恩交部議處除另行詳細造册咨部外所有查辦
漕船失火緣由謹合詞恭摺附驛奏

聞伏祈
皇上聖鑒訓示再兩江總督臣陶　現往安徽閱兵
尚未行抵清江浦合併聲明謹
奏　十五年三月二十九日拜
進　四月十二日奉到
硃批另有旨欽此　四月初六日内閣奉
上諭朱為弼等奏漕船不戒於火分别叅賠一摺此
次首進漕船行抵清江浦正在倒塘灌放三月二

十四日夜間因長淮三幫二十三號已革旗丁劉長清船上不戒於火時值東北風過大兼之水面夜黑人力難施延燒廬州頭幫章佩湘等船十三隻常白幫王秉魁等船十一隻淮安二幫顧源滂等船十隻鳳中常幫王作藩等船三隻鳳常幫侯蔡唐船一隻共焚燬粳稜平米二萬二百四十六石零白糧粳糯平米五千六百九石零隨粮蓆竹等全燬並燒斃男女大小二十二名口當經該漕

督等督帶員弁竭力撲息並究明起火縁由據實
查辦漕粮為天庾正供銜尾北上本應隨時隨地
嚴密防範無稍疎虞此案劉長清船上舵工解泳
志因炊飯起火延燒各船至三十九隻之多並焚
斃多命自應分别叅賠以示懲儆所有劉長清一
船燒燬米石即着代辦伍丁許冠賢賠補其餘各
船燒燬米石一體着賠惟為数較多著自明年冬
季起各按原船米数分年買補搭運其被燒各船

應如何賠造或雇募接運之處該漕督即飭該管
粮道查案速辦長淮三幫領運千總鄭芳蘭疎於
防範厥咎較重著即革職其該幫運務另行委員
接辦並將該革弁交淮揚道李國瑞提同該船伍
丁等確切訊明有無懷挾私嫌虧短掩飾情弊從
嚴覈辦毋稍徇隱此外五幫領運千總雖因別舟
延燒究屬疎於防護所有廬州頭幫千總沈世城
常白幫千總李清楨淮安二幫千總胡定海鳳中

常幫千總萬元衛鳳常幫千總蕭漢卿並清河縣
知縣王國佐舊城汛把總石有山均著交部分別
照例議處朱為弼麟 未能先事豫防著一併交
部議處欽此尋准部議衛千總沈世城李清楨胡
定海萬元衛蕭漢卿俱照例各降一
級調用知縣王國佐照例罰俸一年把總石有
山照例每隻罰俸一年漕運總督朱為弼河道
總督麟 均照防範不嚴例各降一級留任俱
係公罪例准抵銷可否恭候
欽定奉
旨俱著不准抵銷欽此

重運全數渡黃摺會總督總漕前銜

奏為重運漕船設法籌辦全數渡黃完竣由驛具

陳仰祈

聖鑒事竊臣等前將黃水叠次盛漲籌放湖北江西

各船情形由驛奏

聞在案當即將草閘外口護埽及內口束水柴壩加廂高整跟澆土戧計清水涵洞自初二日啓放後塘水已落低二尺四寸正擬啓壩放船詎黃

水忽又驟漲連日共長水三尺五寸所有前兩
次放出軍船掛黄尚多大溜湧激提挽入楊庄
頭壩甚為費力每日僅進船二三十隻臣朱為
弼親駐楊庄督催臣陶澍臣麟　在南岸塘河
督同道廳相機籌辦並添派副將秦攀萼等赴
北岸隨同設法拉挽迨初七日風色微轉東南
河水亦消落七寸隨即趁勢啓壩將塘内停泊
之湖南三帮軍船一百二十二隻絡繹赶放出

口並將雲南委員李承基貴州委員陳熙晋劉
榮祖湖南委員董友筠等領解銅鉛船四起共
三十五隻一併催儹出塘渡黃北上查本年重
運除在黃河以北兑運三幫外實計渡黃船九
十八幫共四千二百四十九隻比較上年六月
十九日完竣計多船九百四十隻遲十七日比
十三年六月二十四日完竣計多船六十七隻
遲十二日比十二年六月初二日完竣計多船

一千五百四十七隻遲三十四日臣等初因江
浙帮船在徒陽運河淺滯又江西帮船在吳城
一帶剥淺繼聞江廣各帮在九江等関守候盤
查多日深慮延至大汛河水長發溜勁水渾既
恐壩堰着重又慮塘河停淤當經臣陶澍疊札
嚴催委員迎提臣朱為弼親往鎮江督催籌辦
並會同臣麟　遴派員弁沿河分路催儹不遺
餘力尚冀本年係有閏月節氣稍遲乃河水忽

已驟漲計自六月初四日尾幫掃數入塘停泊
為期一月有餘始得全行放渡良由一入夏至
汛水長發無常溜過沙停最易淤墊以致辦理
艱難動形棘手洩水涵洞屢堵屢開臨黄壩捻
三啓三閉兹幸仰賴
聖主福庇漲水漸消得以乘機儹渡全完不致截留
盤剥實非臣等初料所及慶幸之餘倍增悚惕
現在中運河水勢充盈行走可期暢順除已飛

洛東省預飭地方文武督催外現派徐州道王
廷彥河標右營遊擊馮萬青巡歷運河彈壓水
手嚴催各船跟艄前進以期迅速出境赶達
天庾外所有重運漕船渡黃全竣日期謹由驛會摺
奏報伏乞
皇上聖鑒再臣陶澍於拜摺後即回省辦事臣朱為
弼督押尾帮儹催北上臣麟前赴各廳查勘
工程合併陳明謹

奏　十五年閏六月初八日拜
進　二十一日奉到
硃批另有旨欽此　同日准
軍機大臣字寄十五年閏六月十四日奉
上諭本日據陶澍等由驛馳奏重運漕船全数渡黄
一摺覽奏均悉各省漕船北上屡経降旨飭令早
兑早開限於四月初十日以前儹至清江剋期抵
壩跟接渡黄前進果能如期趕辦何至臨事周章

章前據該督等奏稱本年未交伏汛以前黃水盛
漲自六月初四日尾幫入塘停泊一月有餘經該
督等設法籌辦本月初七日甫得埽數出塘是較
歷年完竣日期更形遲滯尚非本年遇閏則全數
渡黃已在七月初旬實屬從來所未有向來黃河
一入夏至汛水長發無常溜過沙停最易淤墊此
次江浙幫船在徒陽運河淺滯江西幫船在吳城
一帶剥淺江廣各幫復在九江等關守候盤查多

日迫經抵壩已屆黃水將漲之期以致洩水涵洞
屢堵屢開臨黃壩堰三啓三閉辦理動形棘手似
此臨期竭蹷何如先事豫籌將來赶辦新漕儻再
如此遲滯尚復成何事體著該督等於本年軍船
回空完竣以後通盤籌畫熟計妥商其沿途淺滯
處所及洩水涵洞並臨黃壩堰總須豫為體察情
形設法辦理仍遵前旨趕於黃水未漲以前全行
抵壩守候放渡庶有備無患免致因循貽誤方為

不負委任又另片奏本年銅鉛船隻隨漕插檔行
走該船水手較少提溜打閘在後軍船不無停待
請嗣後非遇京局守待之時仍令照例讓漕等語
所奏非是本年因京局有需接濟諭令銅鉛船隻
插漕行走原以鼓鑄攸關期於迅速抵通其提溜
打閘與漕船均屬公事既知該船水手較少自當
不分畛域撥夫幫辦俾得迅速遄行無誤鼓鑄嗣
後倘有必須插漕行走之時總在該督等設法籌

措不得藉口軍船因之停泊稍存觀望以致漕務
銅運兩有妨礙將此各諭令知之欽此

附復奏添撥工用夹片

再承准軍機處字寄閏六月十二日奉

上諭前據陶澍等奏黄運兩河同時異漲籌計防禦

伏秋大汛請撥發銀兩以資修守業經降旨允行

矣南河歲撥防汛銀一百五十萬兩原以寬備各

處緊要工程之用其數不為不多本年六月初旬

黄河疊經盛漲中運兩河又因東省山水漲發下

注險工林立亟籌防禦請再撥銀五十萬兩以為

大汛備防之需朕因此次盛漲停積旬餘現距伏
秋大汛為日正長不可不寬為籌備是以姑從所
請勅部議撥惟念國家經費有常豈容稍滋糜費
即間有新生險工亦應於歲撥銀内撙節支用核
寔辦理總不得於一百五十萬兩之外再請添撥
以符定制該督等務當嚴飭工員將此項銀兩認
真稽核寔用寔銷得省即省嗣後並不得援此為
例任意增加倘偶遇盛漲即藉口要工率行請撥

亦斷不能再邀允准也將此諭令知之欽此臣跪
讀之下悚惕莫名惟有欽遵
諭旨稽核工用得省且省斷不敢因此次蒙
恩允准遂開添撥之端第查河工庫貯從前均有寬
餘以備留防不時之需即如前河臣黎世序任
内極稱節省而嘉慶二十一二三四等年每年
均於例撥各款外另請備防銀四五十萬不等
嗣是道光四五六七八等年專案所請籌堵洪

湖漫口補砌埝盱石工盤運漕粮開放減壩加
幫湖堤等費為数更多亦均因事值維艱不得
不然自十一年馬棚灣十二年于家灣失事後
前河臣張井因經費支絀當將堵口挑河費用
奏請籌撥而上下各廳河勢變遷生工廂修之處
則因請款不敷只得通融墊用以致庫乏存財
遇有緊急無可籌措此次請撥實屬萬不得已
蓋緣黄河水勢長發無常搶護險工以速為主

非若尋常防守工程尚可酌量分次辦理如今
嵗盛漲乃在伏前實屬向来未有其時漕船尚
未渡竣倘稍疎虞不但河事不可問抑且貽悞
漕運每一念及凜懼萬分現在全漕幸已出境
而入秋後河水仍復疊長較伏前盛漲又大九
寸頂托清水停積不消黄運兩河均係非常異
漲直至白露水始消動當此時勢臣惟勉盡心
力督率所屬認真修守務保安恬所有工用自

當撙節支發何敢稍涉浮糜謹將寔在情形瀝
陳於
聖主之前伏乞
恩鑒謹
奏十五年七月十八日拜
進八月十五日奉到
硃批嗣後再請添撥斷難俞允誌之欽此

附陳入夏降霜情形夹片

再臣前陳葦蕩營青柴長發情形一片兹奉

硃批江南入夏降霜是何光景朕未之聞順便明白

覆奏欽此臣跪誦之下仰見

聖主慎重天時民瘼鑒察無遺當臣前次接據禀報時亦覺入夏降霜氣候不齊不應如是曾經詢問該管淮海道文麟據稱亦曾問之廳營弁目僉謂葦營蕩地坐落海濱寒早暖遲與人烟稠

滨之區光景迥異本年四月初間近海一帶因
連朝風暴天氣驟寒加以地性斥鹵以致霧露
之氣凝結成霜等語當即檢查南河成案道光
三年及十二年均於四月初旬降霜損傷青葦
經前河臣黎世序張井先後附
奏有案茲蒙
垂詢謹據實覆陳伏乞
皇上聖鑒謹

奏 八月初五日附

進 八月三十日奉到

硃批嗣後諸事總要核實不可沿習故套也欽此

謝賞銅版戰圖摺

奏為恭謝

天恩事竊孥賫摺差弁回浦奉到

頒賞平定回疆剿擒逆酋銅板戰圖全分當即恭設

香案望

闕叩頭祗領訖欽惟我

皇上智勇

天錫剛健日新

文德誕敷
武功耆定詎有回疆逆酋張格爾者鴟音難革虺毒
潛滋乃負巢穴以螫辛致煩羽林之擐甲窮樹
窩而轉戰度戈壁以長征渾巴什既振先聲柯
爾坪連徼全勝合圍於洋阿爾巴特三路爭先
逐北於沙布都爾莊四城克復祇以未誅逆首
總覺不快人心用是
嚴諭頻申遂使膚功迅奏紅旗報捷白組獻俘凡茲

戰績之恢宏實本
宸謨之遠大廼復
策勲飲至錫爵酬庸勒銘鐵盍之山繪像
紫光之閣爰陳書而紀略更範銅以為圖狀褒鄂
之弓刀有聲有色寫蕭曹之冠佩
一德一心
奎藻分題
天章丕煥奴才昔權豫臬紀叙承

恩令督河干戰圖拜
賜源探葱嶺慶波浪之胥恬域指蒲昌喜烽烟之永
靖所有奴才感激榮幸下忱理合繕摺恭謝
天恩伏乞
皇上聖鑒謹
奏 十五年八月二十日拜
進 九月十四日奉到
硃批覽欽此

請禁佔種駱馬湖灘地摺

奏為申禁佔種駱馬湖及六塘河灘地並酌定啟
放舊河尾水誌以裕湖瀦而保運道仰祈
聖鑒事竊照運河廳屬邳運二汛水無來源全恃東
境微山湖放水接濟其自宿汛至中河桃清二
汛綿長二百餘里向以駱馬湖為瀦蓄閘鍵每
年水小則啓王柳二閘引以濟運水大則放尾
閭五壩洩以減漲立法實為盡善乃近年以来

蓄洩機宜核諸成案逈不如從前得力兹臣於
閏六月間親至駱馬湖察看秋稼如雲約計原
寛一百四十里之湖面現在存水僅止三四十
里盖沿湖灘地盡被佔種隨至尾閭放水之處
飭弁乘舟赴中洪探量水勢至深不過丈許淤
淺實甚查該處建有
御碑亭恭勒乾隆二十三年
諭旨命於每歲大汛前早放尾閭以為預騰湖面之計

盖因駱馬湖上承蒙沂諸山之水慮及伏秋汛
漲難容故令由六塘河下洩入海其後附近居
民趁水小時將湖灘私行佔種久遂勾串刁劣
生監兵役愈佔愈多而遇湖水長發之年轉恐
淹浸灘地竟有盜决堤堰洩水等案五十年經
欽
差大學士公阿桂等查勘
奏定湖灘永禁耕種並不准借名升科以杜侵佔
五十三年又有生員張士墀等呈請給業經前

督臣書麟批駁不准惟念湖內滋生蘆草棄置
可惜飭令募夫樵採歸公嘉慶十五年前漕臣
許兆椿因見湖灘私佔日甚恐礙瀦蓄奏奉
諭旨駱馬湖蓄水濟運為邳宿運河扼要機宜著派大
員妥為經理其墾種已久無碍河渠者可仍循其舊
如有私墾湖灘致妨水道者申明定例嚴行禁止等
因當經前督河諸臣批司委勘旋以吊查契劵
延未清結道光二年前督臣孫玉庭河臣黎世

序因職員許玉堂等爭控不休會商既係無糧
官灘無庸吊查契據自應遵
旨分別有無佔礙水道以定應否禁種隨委員清丈
奏請將護堤官地草地循舊經理外其餘無礙水
道之地官給照票聽民領佃酌定按畝繳租章
程以充公用此外禁止越墾並不許在湖內私
築圩堰阻遏水道違者照强佔官民湖蕩律治
罪各在案乃日久仍踵前弊益形淤墊因之尾

閭五壩洩水無多而運河兼受微山湖之水每
屆汛漲勢極湧激祇有楊家莊劉老澗二路可
資分洩倘值黃河頂阻水愈抬高其下游中河
兩岸縴堤尤為危險是以嘉慶三年前河臣康
基田等勘定宿汛舊河尾可以開堤洩水逕入
六塘河
奏准遵行嗣前河臣黎世序張井等任內均各啓
放有案詎道光十三年

欽差尚書朱士彥查工時又有生員曹志瑋等以啓
放舊河尾水渰田地為辭呈請永禁當經咨行
該管官詳查議覆旋據道廳營縣會勘舊河尾
逼近永濟橋向為宣洩運河異漲要區水由六
塘河入海足資容納不致渰及民田該生等以
一隅之見欲更
奏定章程實屬窒礙難行惟啓放向無定制士民
難以預防請以宿汛十字河誌樁長水至二丈

一尺五寸為制玆臣親詣察看該處土性堅凝
其下即六塘河里許有永濟橋橋長一百三十
九丈連環七十孔水流暢達橋上有
御碑亭二座恭載乾隆年間
聖製詩文伏讀
聖製詩註內載稱湖水由橋下注為六塘河河中尚多
淤埂夏秋漲水宣洩不暢輒漫及田廬前巡經臨籌
度命劉統勳等上下履勘濬壅培堤俾資利導又六

塘河土人侵佔河淤莫知節制又尾閭橫經塩河商
利蓄而民利消等因可見該處與駱馬湖同一減洩
之路河身最寬斷不至渰及民田何以該生等
妄行呈訴推原其故蓋六塘河淤灘漸多土民
又漸私種刁劣亦希圖漁利故請免放舊河尾
以為侵佔河道地步臣悉心體察駱馬湖原為
蓄水濟運要區今既淤淺過半勢不能挑濬復
舊將来設遇旱年上游水小重運經臨已屬可

處倘再任意侵佔必致瀦蓄無地可容茲六塘
河又漸私種若不及早嚴禁則去路不暢宣洩
亦難所關甚鉅相應請
旨勑下督臣撫臣嚴飭地方官隨時查勘申明舊章
將湖内私築圩堰并道光二年定案後越佔淤
灘概行禁除其六塘河灘地如有私墾佔種等
弊一體禁止以杜壅遏之漸庶水道無阻蓄洩
有資倘有刁劣生監藉詞阻撓奸滑吏胥扶同

弊混即行按律治罪或該地方官查禁不力及
河營兵弁惟利是圖致滋前弊者一經查出即
由臣會同督撫臣嚴參示懲再舊河尾啓放水
誌原詳所請比較劉老澗滚壩一丈一尺過水
定制未免過大應酌定爲一丈五尺如果來源
不旺雖長逾定誌得守且守倘積漲不消即由
該管道廳相機禀請啟放以昭限制臣爲湖瀦
運道起見謹據實詳陳是否有當伏乞

皇上聖鑒訓示祇遵謹
奏十五年八月二十八日拜
進九月二十四日奉到
硃批另有旨欽此　九月十三日内閣奉
上諭麟　奏請申禁占種湖河灘地並酌定啓放水
誌一摺駱馬湖蓄水濟運為邳宿運河扼要之區
據該河督履勘淤淺現經過半設遇上游水小重
運經臨已屬可慮若再任意侵占必致瀦蓄無地

可容其下游之六塘河近来又漸私種去路不暢
宣洩亦難自應及早嚴禁著該管督撫等嚴飭地
方官隨時查勘申明舊章將湖内私築圩堰並道
光二年定案後越占淤灘概行禁除其六塘河灘
地如有私墾占種等弊著一體禁止倘有生監藉
詞阻撓胥吏扶同弊混即行按律治罪或該地方
官查禁不力及營弁惟利是圖即著該河督等會
同嚴叅示懲至舊河尾啓放水誌著定為一丈五

尺仍青成該管道廳相機啓放以昭限制欽此

復奏灌塘減船條陳摺 會總督 前銜

奏為遵

旨核議復奏仰祈

聖鑒事九月初一日接准部咨欽奉

上諭朱為弼奏籌議新漕應辦事宜酌擬條款一摺所稱灌塘幫船應酌減數目並加寬塘河等語着

陶澍麟妥議具奏等因欽此臣等恭誦之下當即公同詳細籌商並飭該管道將核議去後旋

據稟稱灌塘漕船若預定數目守前待後多有格碍至塘河業已展挑本年並將新替二河啓壩相通現難再展具覆前來臣等查漕船灌塘放渡原屬不得已之舉然舍此別無善策如果重運在夏至前水未漲發空運在冬至前河未淌凌儘可從容辦理無如近年來重運抵壩已遲後船又未能銜尾而至適逢黃河長水較早是以萬分棘手兹漕臣請定每塘以七百隻為

度江廣船身笨重減為六百不過七塘竣事並
稱九年係九塘放竣等語固係為慎重火燭起
見但查九年船来最速係於二月二十一日灌
塘放起四月二十九日告竣近年船多脫檔灌
放頭塘已在四月初旬勢不能不以多補遲且
僅放四五塘已逾夏至若再拘定六七百隻多
則剔留守前待後必至悞運蓋緣每灌一塘臨
清臨黃兩處壩堰一啓一閉加之進船出船雖

無風雨阻滯亦須旬日即以本年回空而論現
在甫將灌放若照漕臣所擬七塘每塘以十日
計算過竣當在十一月下旬其時節過冬至水
凌下注渡黃之險較諸尋常掛黃更甚展轉躭
延或致歸途凍阻來年出運愈難迅速臣等悉
心體察所有灌塘幫船數目應仍隨時酌量節
氣早晚船到遲速相機辦理於漕臣所擬船數
應增則增可減即減以利運行再查灌塘自道

光七年起已歷九載每次多者至一千二百餘
隻俱能容納並無擁擠至本年三月不戒於火
實緣天旱風燥船艙内灶烟突起所致溯查從
前臨清漢陽天津等處均有延燒多船之案即
長江各處時亦有之各該處並非堵塘灌放足
見風火之事全在隨時防範不能專歸咎於塘
河嗣後在塘各船惟有責成本帮運弁旗丁自
行小心防護兩岸則責成將弁兵丁及地方員

役實力廵邏以期安謐至塘河即係昔日清水外注之區向稱太平河後因建以草閘圈築攔堰始名塘河近年来已逐漸展闢偏西有新河替河向備與草閘輪替行走因恐進水停淤歷在河尾築壩攔截本年展挑塘河並飭將攔壩啓除計其内亦可泊船百餘較前又覺寬展此外東面緊接窑汪堤上建有涵洞為減洩清水之所地勢窪下曾経較量計低於塘河一丈有

餘斷難填挑平整其西北一面逼近黃河大堤
不敢再行開展惟西南隅畧有隙地容俟來年
重運過竣後再行察看辦理所有臣等核議緣
由謹合詞恭摺具
奏伏乞
皇上聖鑒訓示謹
奏 十五年九月十八日拜
進 十月十一日奉到

硃批依議欽此

奏稿

十
八六七
年

復查平飯銀兩動用無存摺

奏為查明河庫並無水利備撥之款及平飯銀兩
動用無存原委據實覆陳仰祈
聖鑒事竊臣前奏請撥來年歲料銀兩一摺奉到
硃批戶部速議具奏片併發欽此旋准戶部咨開查
本年議覆御史鄭世任條奏水利歸公案內據
工部覆奏河工水利係由發辦另案工程銀內
每百兩扣銀七兩三錢除各項支銷外於所扣

之内以一兩二錢解部再有餘剩存貯道庫留
備另案大工報撥之用每年所餘不下二三十
萬截至道光十二年止河庫存貯餘銀已有一
百十六萬兩之多逐年造具四柱清冊咨報工
部在案是前項銀兩五月内甫據工部查奏自
必實存在庫原係留備大工報撥之用應請
勅下該督等全數抵撥其不敷銀四萬兩俟查明十
三年後水利有無續存再行撥補如前項實存

之款或經該河督動缺亦應俟聚奏到日再行

核議等因具奏奉

旨依議欽此當即轉飭遵照茲據河庫道李湘茝查

明詳聚前來臣復加察核南河向無留備大工

報撥水利之款惟有發辦工料銀內每百兩例

扣飯食銀五兩平餘銀二兩三錢共銀七兩三

錢除本款支銷外從前皆係存貯河庫隨時墊

作工用俟墊發將完仍即請撥還款歷經前任

各河臣
奏明有案嗣道光九年前河臣張井於清釐庫款
摺内聲明此後扣存平飯等銀隨時湊用報部
毋庸另立還款名目奉
旨允准是以該年以後隨收隨用從未請撥還款每
年所收銀數除將本款例支之項在公項冊内
造報外應存銀兩均彙同河庫各款列入收支
餘剩總冊按年咨報户部有案查此項存銀九

年十一年均曾凑用追至十二三年馬棚灣及
于家灣失事之後前河臣張井因經費支絀僅
将堵口挑河費用
奏請籌撥而上下各廳河勢變遷生工鑲修需費
孔多因請款不敷全以河庫存銀隨時動支其
用数則有各該年
奏報清单可據臣於上年七月内亦曾将庫乏存
貯情形附片奏

聞此實前收平飯銀兩湊作工用之原委也至前項
冊籍現查截至道光十一年止俱已送部其十
二年以後應造之冊業飭河庫道赶造尚未咨
送則緣十二三年工用較多案款瑣屑之故且
河工每年所發各廳辦料辦工銀兩必須俟修
守事竣分別歲搶修另案按段查量以工計料
以料科銀方知實用確數此外估辦工程並有
本年發辦下年報完者更須於完工之後逐款

勾稽方能入奏是以從前另案工程每遲至二
三年後始奏清单以致估銷各本報部各冊因
而積壓前河臣張井則又因在大工日多尤形
遲緩嗣臣到任後欽遵
諭旨將歷年未奏另案清单赶緊核辦當將十三四
五等三年另案清单俱於上年全行具
奏本年接辦估銷各案嚴催各道造冊詳送隨到
隨核計自春徂秋已經

題報二百六十六案約計冬間即可將十一年至
十五年各案
題竣亦寔為清釐庫款起見至河庫錢粮現計每
年所收僅敷支用並無多餘昨准部咨以有應
存銀一百十六萬兩臣接閱之下深覺可異當
即逐細詳查始知此項係自八年至十二年止
遞年積存之数河庫道於造送公項冊内祇就
本款收支開報未將已經動用列入收支總冊

造報之處明晰登註致煩部詰應請
旨將造冊未經分晰明白之河庫道李湘茝交部議
處臣未能查出據冊咨轉亦請
交部察議嗣後報部公項等冊應即更正其應造歷
年收支餘剩冊仍責成該道一手儹辦勒限報
部以備查核所有查明河庫平飯一欵動用無
存各緣由理合恭摺具
奏伏乞

皇上聖鑒謹
奏十六年九月初二日拜
進九月二十三日奉到
硃批另有旨欽此　九月十三日内閣奉
上諭麟　奏查明河庫並無水利備撥之款及平飯
銀兩動用無存一摺著户工二部查明具奏欽此

請將世職先補千總摺

奏為世職人員請仍歸河營補用以資熟練恭摺
具陳仰祈
聖鑒事竊臣前將南河世襲雲騎尉候補守備李廷
桂盧寶祥二員
奏請先以河營千總借補奉到
硃批兵部查議具奏欽此嗣准部咨令將該二員以
綠營守備補用等因當經轉行遵照在案惟查

李廷桂係因伊祖李永吉總兵銜前任河標左
營副將於乾隆四十六年調赴豫省堵築青龍
崗漫口落水受傷奉
旨賞給雲騎尉世職其盧寶祥係因伊父盧順前任河
營叅將於嘉慶二十五年調赴豫省堵築馬營
壩漫工壩心陡蟄隨埽墜没奉
旨賞加副將銜並給雲騎尉世職該二員未經襲職之
先李廷桂曾入桃北河營盧寶祥曾入外北河

營均充當餘丁効力承襲之時經前督臣孫玉
庭河臣黎世序驗看會疏具
題飭發河營學習並將收標日期咨部嗣於道光
八年九年先後期滿經前河臣張井送部引
見均奉
旨着發回本省照例以守備題補欽此隨仍回河營
當差查河營叅將所轄向無捺防營分是以該
二員到標後專講修防未曾學習弓馬十餘年

來歷經派防大汛酌委署事俱尚能黽勉趨公於河務工程頗為明晰如留於河營補用可期勝任今若再改歸操防營分另習騎射一時難望諳練且查嘉慶年間世襲雲騎尉卓林曾經

前督臣費淳奏奉

恩旨准以河營千把總酌量借補咨補外河營千總有案今該二員事同一律合無仰懇

天恩俯念該員等均係難廕在工學習有年曾經投

入河營効力與河兵無異較之標營世職人員
實有不同仍准歸於河營先以千總借補出自
皇上逾格鴻慈為此恭摺具
奏是否有當伏乞
聖鑒訓示謹
奏 十六年十一月十三日拜
進 十二月初五日奉到
硃批另有旨欽此 十一月二十四日内閣奉

上諭麟奏請將世職人員仍歸河營補用一摺著照所請南河世襲雲騎尉候補守備李廷桂盧寶祥俱著准其歸於河營先以千總借補該部知道

欽此

復奏平飯動用款項摺

奏為遵

旨查復平飯銀兩實已動用請俟查清十三年歲報

冊送部考核緣由恭摺具陳仰祈

聖鑒事竊臣承准軍機大臣字寄十六年十月二十

八日奉

上諭據工部等部奏查明南河道庫統計水利各款

應實存銀一百五十萬餘兩而該河督前奏河庫

並無水利備撥之欵及平飯銀兩動用無存何以
懸殊若此著麟　即將庫存備撥水利平飯一欵
截至道光十二年止應存銀兩因何動用無存究
於何案工程湊用歷年支發作何開除詳晰查明
據實覆奏其自十三年起歲報河道錢粮並公項
清冊又十年及十一二等年辦運葦柴用項並著
速行題報毋再遲延又另片奏歲報錢粮清冊應
將收除寔在分年剔清如估銷時有核減追賠銀

兩即於完繳之年作為新收等語着該河督即將
道光八年以後發辦各工按年造報以免轇轕而
杜弊混原摺片著抄給閱看將此諭令知之欽此
臣遵即詳細查核工部原奏八年起至十二年
止收支款目係以上屆清查案內七年止存銀
八十二萬餘兩為舊管以歲報冊造所收各款
並公項冊報銀數核計作為新收按以各年題
報歲搶修另案清單並額支等款核作開除是

以存銀有一百五十萬餘兩第查清查册係将
七年以前河道錢粮並平飯柴價銀兩及不入
歲報専案題咨各欵統行收支而歲報册則由
来已久各案工程例係估銷後方准列入當查
辦七年歲報時因以前尚有未曾題估之案不
能預支均剔歸實在項下作存所以清查册内
道光七年存銀止八十二萬九千五百餘兩而
該年歲報册内則存銀八百七十萬九千三百

餘兩舊管之數大相懸殊至歲報冊所開新收
係就本年所收盐課額解部撥並各員賠繳及
已經報銷柴價等銀造收開除項下則以本年
歲修搶修及已奉估銷另案並額支各項造支
而當年並在前數年應收柴價及另案應支工
程間有未經估銷者尚須於在後各年歲報分
別收支係為統核歷年總數其收支餘剩冊本
係從前所無因奉戶部行令造冊始於道光九

年照依清查存銀為據溯查両上将五六七等
三年各款彙報嗣即按年查造該冊則又係将
當年收款作為新收當年支款除歲搶修額支
外另案各工即照奏過清单分別除筭係專核
當年存剩銀数至公用各項一冊則為河庫每
年扣收平飯銀両内除額支養廉並部飯辛工
各項外餘銀作為應存以上各冊款目既各不
同銀数因而互異此向来辦法不能畫一之實

在原委也今部中係以各冊彙算是以與河庫
存数不符所有平飯一款從前扣存曾經
奏明隨時凑用歷於年終盤庫咨送印結文內聲
明並於收支餘剩冊將每年應扣銀數彙報至
於何案工程動用若干則寔因向来收以款計
支以案計零星凑用不能分晰揔之先收後支
銀數俱在皆為另案之用而十一十二十三等
年工用最多前河臣實以此項銀兩凑支早已

無存祇因上次查造歲報時各該年另案尚未
題竣是以未曾入冊開除誠如部中原摺所稱名
為舊管寔皆已支已用之銀名為寔存不過未
估未銷之欵真洞悉南河河庫情形惟自八年
至十三年欵目繁襍冊造紛岐一時難得細數
而絲毫皆闕
國帑收支不容牽混臣現在督飭道廳赶將十三
年以前已收已支各案分欵詳查統入十三年

歲報冊內核作收支應請俟此項冊籍咨報到
部一經稽核銀案相抵是動非缺自有憑據又
原奏內稱呈送冊內漏收之款共銀二萬五千
一百餘兩臣詳加科對已收各案內惟有江安
兩省歷年解過救生椿工銀六千兩向係專案
咨收不入歲報曾於清查案內造收又河庫收
沈鵬完繳銀一萬九千兩此銀現同該員續繳
尾銀全行造入十三年歲報作收計尚少銀一

百餘兩未知指存何欵容即咨詢另行登復所
有公項清冊及十年十一二年辦運葦柴用項
遵即飭道催速造冊題報不敢稍延除將部片
所陳改議歲報章程碍難遵辦情形另行復
奏外謹將查復平飯銀兩寔已動用請統入十三
年歲報冊内送部稽核緣由理合恭摺
奏伏乞
皇上聖鑒謹

奏 十六年十二月十二日拜
進 十七年正月初五日奉到
硃批該部知道欽此

附請清查夹片

再查道光七年以前平飯銀四百十九萬五千四百餘兩因係隨時湊作另案工用是以前河

臣張井於清查案內

奏明彙同各款統計收支造冊送部原係仿照前

河臣黎世序嘉慶二十年作正開銷成案辦理

但黎世序於具

奏後隨列入二十年歲報造收而此次僅於清查

冊內作收未入歲報嗣經查出於道光十二年
補作收支亦經前河臣張井咨部復准有案現
在核辦十三年歲報此項銀兩應即收入其自
八年至十二年所收平飯銀兩既經隨時湊用
自不容再事懸宕應請均即入於十三年歲報
作收其支款查核歷年
奏過清單及已經
題估題銷奉部復准之案並各員應繳刪減等項

銀数約足相抵亦應詳核造報以清庫款至部議謂七年以前之案清查案内早已支銷竟可無庸開造令将八年以後收除寔在分年剔清造報則是八年歲報須照清查存銀八十二萬餘兩之数作為舊管不特與七年歲報存銀八百七十萬数目不符而七年以前收用平飯銀四百十九萬餘兩及未經造銷各案均不能再入歲報冊内錢粮数目出入懸殊将来更無憑

稽核况各項用款均皆
奏明有案誠如部中原摺所稱不能再有增益臣
亦萬不敢稍存含混惟南河工用自上屆清查
後已閱九年溯查前河臣張井任内自八年至
十三年九月止除額解例支等款外共奏撥銀
二千三百三十八萬兩共用銀二千九百八十
七萬九千三百餘兩臣自十三年霜後至十六
年止除額解例支等款外計共奏撥銀九百一

十萬五千兩共用銀一千一百七十萬零五千
五百餘兩按以近年用數寔屬有減無增第案
款繁冗所有應題各冊節遵
諭飭赶辦分別造送其中亦難保不無舛漏現擬再
行清查仍照上屆一年之限調齊臣署並各道
廳衙門歷年檔案冊籍遴派妥員勾稽核對分
別更正造報一俟查清具摺詳細奏
聞並造冊咨送工部考核以清庫貯而昭慎重理合

附片陳明伏乞

聖鑒謹

奏十二月十二日附

進十七年正月初五日奉到

硃批該部知道欽此

議復查料條陳摺會總督前銜

奏為欽遵

諭旨恭摺覆

奏仰祈

聖鑒事竊臣等前准軍機大臣字寄欽奉

上諭有人奏河工積習廳員出息厚薄但問辦料若干其到工折数之多寡視歷年河工之平險河患一年較平則辦料餘息較寬而河工之料堆漸僞

州縣遊幕之徒藉署內熟識之人出入招摇無所不為內幕樂與往還州縣莫敢禁制其在河工者名為外工類皆盤踞有年購料必經其手交收如何朦蔽查驗如何朦蔽又復最為熟諳故能久為河工之害等語河工備料關繫至重向来河患往往生於無事之時在事大員不可不早為慮及若如所奏廳員購辦料堆交收查驗任聽外工巧相朦蔽亟應從嚴查究著陶澍麟　即将河工向有

積弊悉心體訪寔力禁革其廳員所購料堆如何
驗收如何抽查務歸核寔之處著即酌議章程據
實具奏至遊幕人等一經訪有寔蹟即行嚴加懲
辦毋稍姑息等因欽此臣等當將欽遵體訪籌議
緣由先行分別附片奏
聞並飭管河各道查議茲據各該道會詳前來臣等
復加察核河工以修防為專責修防以料物為
根本雖工程平險難定而儲備不容稍缺臣等

每接見廳員隨時諄飭凡承辦料物務須如数堅實堆貯不准折減以期有備無虞如水平工穩用有餘剩霜後查明数目造冊存案仍留為来歲之用不任短少牵混至各廳所用外工人等實缘汛地綿長每當水長工忙一官難以周顧是以分派各工藉助指臂原係素所親信之人第人数衆多難保其盡能潔己且查廳員辦料不獨専任外工有轉派所属弁目購堆者有

委託親友家丁收買者其購堆交收之弊亦非一端如或經理未宜顓頇從事甚且侵漁料價有意彌縫竟致以少報多以輕作重此其弊則在廳員又有經手之人串通料販任聽堆垛虛鬆從中取利此其弊則在管工丁友弁目而料販之弊則每於新料登場時預為購貯迨各廳需用向其轉買即刁難弊混抬價居奇交堆則架井空虛欠價則脫逃誆騙論舫則拖泥帶水

論束則改捆包心至堆夫得受料販私賣又更
舞弊多端小苦大邊散鋪橫墊單鈎心雙鈎心
燈籠筐菜包子種種名目不可枚舉所恃稽查
嚴密庶幾諸弊悉除臣等歷年留心體訪此等
惡習似稍斂戢並於每歲辦料之先刊發告示
挨工張掛俾其觸目警心迨購貯到工之後又
復認真查驗有弊立懲即如上年春間臣麟
查驗邳北廳歲料內有簷高較矮者當經飭令

翻堆加高並將該廳記過具
奏有案況近年来河事較平各廳員自顧考成斷
不肯任聽外工巧相朦蔽此外州縣遊幕人等
向與河工不甚干涉臣等隨時訪察尚無盤踞
招摇情事至查料章程查前督臣鐵保曾於嘉
慶十一年
奏明各廳購料將堆垛若干存貯何處移知州縣
就近查明出結報由道府覆驗倘敢通同弊混

州縣一併嚴恭其料垛高寬長丈觔重数目則
又經前河臣張井於道光十一年
奏定現在遵循辦理各廳歲料到工後均按垛書
掛號牌先由州縣府道次第驗明近復添委在
工學習之京員分路稽核河臣再親往點收臨
時指垛抽查或量丈尺或秤觔重示以莫測不
任知所趨避現據各道詳稱舊章已屬周備似
可毋庸另議臣等往返劄商意見相同惟法久

易敝患生無形誠如
聖訓不可不早為慮及嗣後臣等當督同各道於查
驗料物時益加認真如有虛鬆短少立即叅究
並嚴禁外工遊幕人等不得盤踞招揺積滋弊
竇倘敢不遵
功令一經訪有實跡指名從重懲辦務期政紀肅
清工料核寔以仰副
聖主諄諄訓誡至意所有遵

旨查議緣由謹合詞恭摺具
奏伏乞
皇上聖鑒謹
奏　十七年二月十五日拜
進　三月十二日奉到
硃批以公以實復能任怨方為不負委任諒卿等自
有良心也凜之勉之勿欺二字尤不可忽欽此

謝 賞長女綢簪摺

奏為恭謝

天恩事竊奴才於二月十六日接到家信知奴才之女於

本月初一日預備挑選時仰蒙

恩賞大紅江紬二卷翠花二匣當即恭設香案望

闕叩頭伏念奴才滿洲世僕渥荷

生成奉職從公毫無報稱茲奴才之女遵例赴挑既叨

賜綺之榮又拜簪花之

賞不特全家戴
德直教合族增光𡚸自問何人
寵榮逾分惟有盡心修守勉策駑駘以與仰答
高厚鴻慈於萬一除
賞件已由𡚸家中敬謹跪領外所有𡚸感激下忱理
合恭摺叩謝
天恩伏乞
皇上聖鑒謹

奏 十七年二月十七日拜

進 三月十二日奉到

硃批知道了欽此

京察謝　恩摺

奏為恭謝

天恩事竊弩於二月二十日接准吏部咨開道光十

七年正月二十二日内閣奉

硃諭三載考績乃激揚大典滿漢諸臣有能實心實

力克稱厥職者自當甄敘平庸不能勝任者亦難

姑容兹届京察之期吏部将京外諸臣開单題奏

朕詳加酌核大學士長齡宣力多年年登八十而

精神強健大學士潘世恩穆彰阿協辦大學士王
鼎克勤克敬不愧賛襄吏部尚書湯金釗品學醇
正奉使公明刑部尚書史致儼精力如常刑名詳
慎協辦大學士直隷總督琦善辦事認真營伍整
飭陝甘揔督瑚松額不露鋒鋩細心任事雲貴揔
督伊里布熟悉邊務鎮撫得宜江南河道揔督麟
慶修防無悞獲保安瀾俱著加恩交部議敘內閣
學士桂森粗率無能不堪造就著以二等侍衛降

補盛京工部侍郎奕澤才具平庸不勝侍郎之任
著以頭等侍衛降補湖廣總督訥爾經額兩省文
武是其統轄乃么麽小醜日久不獲既失察於前
復玩泄於後寔屬無能著降補湖南巡撫再予限
一年緝拏藍正樽務獲以觀後效餘著照舊供職
至兩江總督陶澍辦事勇敢但鹽務尚未大見起
色閩浙總督鍾祥精明沉細兩廣總督鄧廷楨才
學俱可山西巡撫申啟賢辦事實心皆履任未久

諸臣務當清慎持躬公勤涖事朕有厚望焉特諭

欽此聞

命自

天感悚無地伏念孥知識庸愚涓埃未効惟欽承夫

謨訓幸無悞於宣防凡茲全河連歲之安瀾實皆

聖主一人之

福蔭乃蒙歲錄微勞茲復忝膺

懋賞叨激揚之上考荷稠疊之

隆恩圖報愈難撫躬滋愧努惟有殫竭愚忱益加奮
勉慎桃伏秋凌而修守稍酬
高厚之慈統江淮河海以安恬永頌
平成之治所有努榮幸感激下忱理合恭摺叩謝
天恩伏乞
皇上聖鑒謹
奏 十七年二月二十一日拜
進 三月十五日奉到

硃批知道了欽此尋准部議江南河道總督麟因漕船不戒於火未能先事預防降一級留任不准抵銷應毋庸查辦奉

旨麟仍着加一級欽此

附籌辦坡砌碎石偎築靠土夹片

再查高堰山盱二廳屬臨湖石工後身槽土每

經風浪潑擊往往掣刷寬深不獨石工後靠空

虛易致塌卸即補塡之費亦歲需數萬金臣因

與道廳悉心講求期籌經久之法随據淮揚道

李國瑞禀稱嘉慶二十四年道光二年前河臣

黎世序任内曾於海漫石後間砌大片碎石寬

一丈餘尺深一尺餘寸砌成後歷經風浪概未

掣損直至道光四年冬異常風暴始隨石工倒
卸自此遂未復辦而在前功效情形及工段錢
粮均蒙
奏明報銷有案又查道光十三年春間
欽差尚書臣朱士彥侍郎臣敬徵查勘堰盱二廳原
估加砌石工處所擬改碎石坦坡將海漫石尾
壓於坦坡之下亦曾
奏明在案計欲固石工後靠節省槽土歲修似無

過碎石一法惟前辦片石之制寬窄厚薄不齊且係平面平鋪能搪浪而不能瀉水後次坦坡之議碎石坡脚壓於海漫之上一遇風浪仍難免於掣卸擬請酌循成案稍為變通有灰土處於灰土後估寬一丈五尺無灰土處於海漫後估寬一丈八尺一律嵌砌碎石均厚一尺五寸前脚落槽與海漫灰土相平後身高出隄面一尺五寸後再偎築靠土下與碎石相平上與子

堰順勢等情並據山盱同知朱楹於所屬境内
試辦数段著有成效臣體察屬實當飭分年確
估發銀照辦截至霜降止計高堰廳屬已辦工
長八百餘丈山盱廳屬已辦工長二千八百餘
丈報完後經淮揚道李國瑞勘明如式具禀前
来兹臣親履湖堤復驗無異除飭将工段銀数
開单送候復核歸入本年清单彙
奏外所有堰盱兩廳境内已辦坡砌碎石偎築靠

土工程情形理合附片具陳伏乞
聖鑒謹
奏 十七年十一月十八日拜
進 十二月十二日奉到
硃批知道了欽此

復查　欽差駁欵摺

奏為查明

欽差指駁各欵據實覆

奏仰祈

聖鑒事竊臣於十七年九月二十五日准

欽差兵部尚書臣朱士彥咨稱查奏南河庫欵一摺

欽奉

上諭庫貯錢粮絲毫皆關國帑出納支銷理宜慎重

河庫道李湘茝在任多年錢粮出入是其專責乃
一經查駁輒行支吾牽混轇轕不清是該員於庫
貯收發冊籍全不留心糊塗不職已可概見李湘
茝無庸交部議處着即行革職留於河工聽候傳
質南河庫欵繁多現經該河督設局清查着麟
即將道光八年至十六年河庫收支卷冊逐欵嚴
查其有牽涉八年以前庫欵者一體查核並將該
尚書指駁各情節悉心查明更正另行造冊報部

如該道等實有侵虧情弊即着嚴叅治罪毋稍狥
庇倘意存遷就顢頇了事是麟　辜恩昧良自外
生成一經查出惟麟　是問欽此相應恭録並抄
原奏清單移咨欽遵辦理等因仰見我
皇上慎重工帑
訓示嚴明臣跪誦之下凛惕難名當即督同各道赴
局將道光八年至十六年河庫收支卷冊逐款
嚴查有牽涉八年以前庫款者一體查核並按

前送

欽差尚書臣朱士彥查核冊底復加較對銀数年分

尚有参差隨傳詢李湘茝一一質明兹經新任

河庫道沈拱辰會同淮揚淮海徐州常鎮各道

詳核更正造冊呈送臣復逐款勾稽收支存剩

均屬相符尚無侵虧情弊至

欽差原奏指駁各情節內撥還剥船生息銀七萬八

千六百八十兩一款查乾隆五十三年前淮關

監督捐造船三百隻為重運起撥及河工運料
之用名為撥船嘉慶十六年挑留江廣粮剥船
一百五十隻交廳改造為河工拉沙運料之用
名為剥船此二項船隻修造等費皆在兩淮生
息銀内動支一應收支款項俱歸本款報部查
核緣撥剥二字同音每易舛錯上次清查造收
道光二三兩年撥船款銀七萬八千六百八十
兩冊内係將撥船誤寫剥船而河庫九年更正

冊內又復誤為剥船委屬錯中之錯業經李湘
茝摞實呈明現已復查明確自應照數撥還原
欵另行專案造冊送部查核此外平飯一項查
欽差原奏內稱每年歲搶修另案共用若干即應扣
若干此平飯定数也如上年應扣若干尚未扣
收亦應列入本年應收其本年自正月初一日
至十二月三十日共收若干即可照此核算本
年未收若干歸入下年應收從此挨年接算一

目了然若如原冊僅據一年收數有找發前年之工有預發下年之工牽前搭後無憑稽核等語臣查平飯一項原應按照每年歲搶修另案及河庫額應支發當年各款銀数扣清造收方可符合而南河舊章公項冊內係将每年正月初一日至十二月三十日河庫實發銀両扣收平飯全行造入不論歲搶修另案及當年應支應扣之数以致牽前搭後立法本屬両岐是以

前准工部咨駁亦謂歲搶修有准銷原案另案
有原奏清單何難按年逐一查造即年前扣收
之數下年亦可劃清與原奏所指情節相同臣
因工部咨駁係至十一年為止現已將十一年
以前查對明晰造冊咨復並咨明十二年以後
俟截至十七年再行彙總造報自十八年起即
可按年劃清又各員完繳一款查
欽差原奏稱原案内聲明發還平飯銀兩而餘剩冊

平飯支發並無此項發還之款如寔有應還之項自應將每年每員完繳銀若干兩支還平飯銀若干兩分晰註冊報部查核兹於扣除後並不冊報僅於本年收款內扣除不獨各該年應還銀數無從查考於應收之數亦不符合等語

臣查河庫所收各員完繳銀兩向皆按年咨部有案餘剩冊平飯一款係照公項冊查造公項冊舊式所列平飯係將發還銀數剔淨是以有

收無支今查公項餘剩各冊應請仍照舊式謹
於應收平飯冊內將該年各員完繳銀若干應
照原扣平飯發還銀若干明晰登註已另造冊
咨部所有應收之數自能符合應還之數亦有
查考矣至葦務用項內津貼船兵水脚一項
欽差原奏內稱河庫道原呈不扣平飯八年月報冊
內乃有扣收平飯之款等語臣查津貼船兵水
脚銀兩八年以前本皆扣收平飯嗣因船兵原

苦始加津貼若再扣收平飯仍非恤兵之意由
淮海道主稿會同河庫道議自八年為始請免
扣收經前河臣張井潘錫恩批准並將八年春
運水脚所扣平飯銀兩照數發還在案是以前
次所送各年月報冊内八年新收欵下仍舊列
收而開除項下即已列除九年以後至今循照
辦理此船兵水脚初扣平飯繼而不扣之實在
原委也惟是前河臣等雖因體恤兵艱起見但

均未

奏咨有案實屬遺漏伏查此項每年應扣銀二千

二三百兩計自道光八年起至十六年止實少

扣銀二萬一千一百餘兩應請

旨著落率行具詳之前淮海道沈惇彝前河庫道李

湘莛批准未

奏之前河臣張井副河臣潘錫恩賠繳臣到任後

未能查奏亦應請一體着賠其如何分攤之處

伏乞

勅部核議示遵第船兵苦累確屬實情其自十七年

以後可否免扣此項銀兩出自

天恩合併聲明請

旨再

欽差查奏八年至十六年收支總數清単係據臣所

送各冊案分年彙核緣

欽差到浦其時歷年收支大數甫經查有底冊當即

照繕送核經
欽差查核後以庫款繁多非數月所能竣事奏明著
臣逐款嚴查更正今臣逐細復查各年收支数
目間有不符之款均已分別更正收支相抵計
應存銀六十萬四千三百七十餘兩除另繕清
單恭呈
御覽並按年造冊登明送部查考外所有
欽差指駁各情節悉心查明緣由謹恭摺據實具

奏伏乞

皇上聖鑒謹

奏　道光十八年三月二十六日拜

進　四月十七日奉到

硃批另有旨欽此　四月初七日内閣奉

上諭麟　奏查明庫欵分别更正一摺南河津貼船

兵水脚一項免扣銀兩未經奏明自道光八年起

至十六年止應如何著落分賠及十七年以後應

否免扣俱著該部議奏餘如所奏辦理單併發欽
此尋准部議查津貼船兵水脚少扣平飯銀二
萬一千一百餘兩公項攸關自應着賠擬令
率行具詳之前淮海道沈惇彝前河庫道李湘
茝攤賠六成批准未奏之前河臣張井副河臣
潘錫恩未經查奏之現任總河麟 攤賠四成
各按在任月日核計攤繳仍先造册咨部備查
至葦蕩營兵原有餉米其採運柴束又有刀本
水脚塜碼夫工搬運夫價等項此欵平飯道光
八年以前既經照扣歷有年所自十七年以後
應仍照舊核扣以昭平允至河庫收支存剩各
數目前經臣部奏
旨查明截至十二年止據奏咨有案者核計應存壹
百五十萬六千七百餘兩茲據該河督奏查至
十六年止應存銀六十萬四千三百七十四兩

零年分既已參差數目亦相懸殊造報清冊甫
經到部現在飭司逐款勾稽如有不符再行核
辦奉
旨依議欽此

附捐扣三鳌夫片

再查前督臣百齡前河臣陳鳳翔於嘉慶十六年九月

奏稱向来辦理大工委員薪水兵夫犒賞飯食及添設塘站夫馬棚廠油燭紙張並造冊繪圖等費較繁不得不通融津貼取給工員流弊滋多惟體察情形實有例不准銷而必須支用之費若不酌定章程必致仍前浮濫請於各工員應

領項下每兩核扣二厘作為例外支用等因奉
旨允行嗣於嘉慶十七年五月又據各廳公稟稱搶
辦要工事同一律亦請援照概扣二厘仍再公
捐一厘統於領銀時按數扣存河庫遇有公需
由本管道酌量咨發當經前任道員徐炘黎世
序王逢源楊頀航岱等會議稟詳前河臣以此
項係工員情愿捐扣於河庫正款錢粮無所關
涉而搶工例外之費亦不致掣肘貽悞以公完

公事屬可行批准循辦歷今已閱二十餘年捐
扣三釐積久相安洵於公務有益第從前未曾
奏明有案今臣查出理合附片具陳謹
奏　三月二十五日附
進　四月十七日奉到
硃批該部知道欽此

附申明三釐實扣三分夫片

再查嘉慶十六年前督臣百齡等以辦理大工

新水犒賞夫馬棚廠等費較繁

奏請於各工員應領項下每兩核扣二厘作為例

外支用奉

旨

允行旋因用項不敷以分計算是以道光七年籌堵

王營減壩十二年興堵于家灣均經前督臣琦

善前河臣張井等仿照

奏明每百兩扣銀二兩作為公費在案至嘉慶十
七年各廳公稟以搶辦要工事同一律亦請援
扣二厘仍再公捐一厘由道會稟經前河臣陳
鳳翔批准循辦已越二十餘載此次清查臣因查
無奏案於本年四月內附片陳明欽奉
硃批該部知道欽此查此項三厘係各廳公捐之款
與正項無涉惟向來亦以分計每百扣銀三兩
臣前奏未經聲叙明晰合再附陳伏乞

聖鑒謹

奏 十八年五月十九日附

進 六月十五日奉到

硃批工部知道欽此

特叅劣員摺

奏為特叅已革劣員欠欵逾限不繳潛来南河請

旨監追以肅功令恭摺仰祈

聖鑒事竊照上年

欽差尚書臣朱士彥查奏劣員劣幕案内以原叅並

未指明姓名無從根究奏奉

上諭着麟　遇事體察一經查出弊端即行據實叅

辦欽此咨行到臣當即嚴飭各道隨時密訪如有

盤踞河工造言生事及有心避匿不繳欠項者
立即揭懲茲查有已革通判孫厚坤籍隸順天
大興縣原名齡嘉慶十五年以試用通判承辦
裏河三鋪土工蟄塌過水經前河臣吳璥等叅
奏奉
旨孫齡僅予革職不足蔽辜著枷號示懲等因嗣改名
厚坤調赴馬港口工竣奏請開復奉
旨降一等補用尋由州同洊升通判嘉慶二十三年在

外北廳任内延誤碎石工程並隱匿水勢淤淺
不報經前河臣黎世序等以巧詐參奏欽奉
硃批孫厚坤着革職嚴審侵蝕實數加重定擬具奏等
因旋經訊明結案嗣又捐復原官道光十一年
在揚粮廳任内牽動未驗歲料經
欽差侍郎臣白鎔臣寶興查出參奏奉
旨革職并續奉
上諭飭令回籍隨於十二年七月呈報起程回籍各

在案再查該革員任內有欠繳上次清查及部
減等款未完銀一萬六千六百二十餘兩臣抵
任後曾行原籍咨追旋准順天府復稱並未到
籍此次清查又查出欠繳墊發等款銀一萬九
千四百五十餘兩連前統共欠繳銀三萬六千
一百餘兩正在核辦間訪知該革員潛來清江
臣覆查其屢次獲咎原案舞弊誤公劣蹟昭著
僅予罷斥已屬僥幸乃於呈報起程後復因賠

修昭關耳閘又報来工嗣於十三年五月呈報
工完遂在外逗遛並不遵
旨回籍而所欠各項例限久逾延不完繳
國帑攸關未便稍任懸宕茲據淮揚道轉據府縣
稟報前来相應據實恭
奏請
旨將已革通判孫厚坤就近發交淮安府監禁勒追
俟欠款全數完繳再遵前

旨押解回籍倘再延玩從重治罪以肅功令而儆刁
劣是否有當伏乞
皇上聖鑒訓示謹
奏十八年五月十九日拜
進六月十五日奉到
硃批另有旨欽此六月初二日内閣奉
上諭這所參已革南河通判孫厚坤欠繳各項銀三
萬六千一百餘兩之多例限久逾延不完繳又復

附議復申禁范隄閘壩夹片總督會列前銜

奏竊前據御史咸觀宣奏請申范堤閘壩啟閉例禁欽奉

諭旨交臣等會同查議具奏臣陶澍以該處閘壩係農田鹽課所關不可偏重其形勢高下非查勘未能明確經劄行江寧藩司會同兩淮運司委員查勘議詳兹據該司等先後委勘會詳前来

臣等覆查兩淮泰州分司所屬地方有范隄一

道本唐李承實所築捍海塘歲久漸圮宋發運
使張綸用監西溪鹽稅范仲淹之議奏築長隄
置牐啟閉宣洩以仲淹力贊成之遂有范堤之
稱從前場灶均在隄内現在海灘日漲各場灶
移埠就滷反在堤外相去五六十里之遥海潮
已不能淹及惟地勢既改場灶亦移民人不知
原委遂以為范堤之設專為民田衹禦鹹水不
洩淡水道光十五年六月因雨水灶河泛溢將

隄壩冲潰場商吉世昌等以亭場鹽廩被淹請
將各壩啟放並將已潰之壩暫緩堵閉旋有興
化縣民人楊春等以場商朦挖范堤呈控批飭
各地方官查明各壩實係被水冲潰場商第禀
請緩堵並非私行開挖各在案溯查乾隆年間
各前督撫鹽政議定北六場堤身閘座每年於
三月堵閉九月開放惟留草埝正閘以濟重運
鹽船南五場沿堤土壩每年七八月大汛之時

鹽務地方各官相機會同啟閉非當盛漲場員不得遷行開放若遇灶河泛溢地方官亦不得勒令堵閉以便洩入串場河由丁溪等壩歸海商民相安已久迨至嘉慶年間前巡撫臣岳起議將范堤閘壩禁止開放灶河海口設法疏通而卒未能興辦從此商民每各援案爭執查該御史原奏內稱堤身閘壩有永遠實堵不准啟放者有夏秋堵閉以防潮汛冬春啟放以便出

入者非定限制難免倉猝競爭茲臣等細核南北兩場范堤閘壩情形以為欲杜爭端宜示公允所有乾隆年間議定章程實可永遠遵守而無偏重之弊如有啟放不時及擅行阻止者即行分別懲治庶於商民兩無所損俟籌有款項再將灶河挑浚以期分道疏銷至道光十五年開壩之案查明實係該商等呈請緩堵並非私挖應請毋庸置議所有臣等會同查議緣由謹附

片覆

奏伏乞

聖鑒謹

奏　十八年五月二十六日拜

進　六月二十四日奉到

硃批依議欽此

私来南河潛行逗留情殊可惡著麟　即就近發
交淮安府監禁勒追侵欠欵全數完繳再遵前旨
押解回籍倘該革員仍敢延玩即著從重治罪以
儆刁頑欽此

議復禁烟條陳摺

奏為遵
旨覆奏事竊准部咨閏四月初十日欽奉
上諭黃爵滋奏請嚴塞漏卮以培國本一摺着盛京
吉林黑龍江將軍直省各督撫各抒所見妥議章
程迅速具奏摺併發欽此並抄錄原奏咨行到臣
遵即恭閱尋繹伏查鴻臚寺卿黃爵滋原奏內
稱耗銀之多由於販煙之盛販烟之盛由於食

煙之衆請嚴禁以塞漏卮而於鴉片煙偷漏擾
害各弊端敷陳剴切實屬急公惟所請限一年
斷癮若仍吸食置之重刑一節臣查定例凡食
鴉片煙者枷責革去功名不惜出興販者杖一
百徒三年販賣及熬煙者邊遠充軍開館誘人
之人絞監候法令不為不嚴今若概問重典在
怙惡不悛之輩原不足惜但究與作奸犯科有
間未得情法之平況官員例應加等治罪今至

於死無可再加如謂子孫不准考試殊非罪人

不孥之意至原奏所引紅毛暎咭唎安南等國

嚴刑示禁諸條查蠻觸相爭陰謀不免然各國

僻居海角地僅彈丸比之內地一州一縣若我

國家重熙累洽普天率土食德飲和

皇上仁育義正明慎用刑即命盜案之自罹大辟者

猶且分別實緩再三核議以求其生又豈屑效

外夷之長專尚峻酷且查鴉片煙之流入中國

始自前明是以李時珍所纂本草綱目載有阿

芙蓉註明俗名鴉片我

朝因有傷民命屢申例禁無如積習相沿迄未斷

絕但彼吸食而甘受鴆毒究屬自戕其生今若

因禁而概予誅夷似非不忍之政倘再加聯結

互保恐徒開胥吏滋擾之門良民先受其累獨

是言者以為漏卮

國本攸關必應預為籌畫臣思塞之之法守其正

惟當責成沿海弁兵重其賞罰以杜紋銀之出
通其權則或酌定內地貨物高其價值以期紋
銀之復若專以禁煙而論計惟就本例加嚴而
運煙入口運銀出洋者實為首惡罪在不赦其
內地開窑興販並開館誘人之徒以及得賄庇
縱之在官丁役亦係法所必誅要在有司實力
奉行庶幾咸知儆畏至地方文武各官失察處
分擬請寬免緣十二年臣在護理貴州巡撫任內

曾飭屬緝獲種販匪徒武舉職員生監書差等
八十九名奏奉
硃批所辦甚屬認真著依議行欽此實先訓飭各員
弁允為請免處分始無瞻顧盡力查拏今議申
嚴烟禁似須寬其吏議責以實效倘有敢縱容
差保包庇者一經查出從嚴叅懲該管上司仍
以獲犯多寡課其殿最務使奸民有法可畏無
利可圖當必翻然而改業於是內地銷售日稀

外洋煙来日少漏卮自塞矣臣謹就愚昧之見
據實覆陳伏乞
皇上聖鑒謹
奏　十八年六月二十五日拜
進　七月十六日准軍機處知會貴河督具奏前
事一件摺留本處備
要為此知會